나 홀로
돈 되는
책만들기

# 나 홀로 돈 되는 책 만들기

1인출판 —— 독립출판

자가출판 —— 성공 필독서

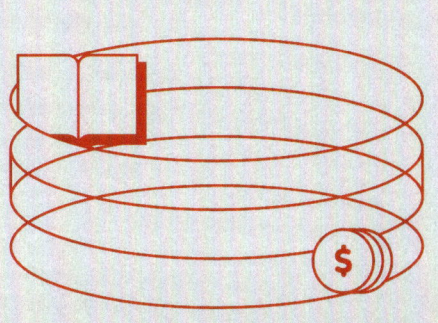

본조박 지음

## 들어가며

책 한 권을 만든다는 것은 단순히 글을 쓰고 종이에 담는 일이 아닙니다.

그 시작은 머릿속에서 피어나는 작은 아이디어에서 출발하지만, 그 여정은 기획, 제작, 유통이라는 긴 과정을 통해 마침내 독자와 만나는 순간에 완성됩니다. 이 책은 책이 탄생하고 세상에 나아가기까지의 모든 과정을 안내하는 종합 매뉴얼입니다. 이 책을 읽는 독자가 누구든, 어떤 위치에 있든 유용하게 활용될 것입니다.

- 첫걸음을 내딛는 작가라면, 무엇을 어떻게 써야 할지 고민을 덜어드립니다.

책 계획

# 아이디어
# 찾기

책 출판의 여정은 단순한 글쓰기 이상의 복잡한 과정입니다. 그 중에서도 아이디어를 찾는 과정은 전체 출판 계획의 근간이 되는 핵심적인 단계입니다.

왜 아이디어 찾기가 그토록 중요할까요?

첫째, 아이디어는 책의 정체성을 결정짓습니다. 독창적이고 매력적인 아이디어는 수많은 책들 사이에서 여러분의 책이 돋보이게 만드는 원동력이 됩니다.

둘째, 아이디어 탐색 과정은 작가로서의 여러분을 성장시킬 것입니다. 다양한 주제를 탐구하고 새로운 관점을 발견하면서, 여러분의 지적 호기심과 창의성이 확장됩니다.

셋째, 견고한 아이디어는 집필 과정의 나침반 역할을 합니다. 명확한 방향성을 제시하여 집필 중 겪을 수 있는 혼란을 최소화하고, 일관된 메시지를 전달할 수 있게 도와줍니다.

마지막으로, 강력한 아이디어는 출판 후 마케팅의 핵심 요소가 됩니다. 독자들의 관심을 끌고 책의 가치를 효과적으로 전달하는 데 결정적인 역할을 합니다.

### 1) 독자 분석
독자 분석은 마케팅 전략의 핵심 요소입니다. 고객의 인사이트를 바탕으로 개선된 의사결정을 할 수 있습니다. 독자의 행동 패턴과 선호를 이해함으로써 각각의 요구와 필요를 파악할 수 있습니다.

### 2) 트렌드 분석
현재 시장에서 주목받고 있는 트렌드를 분석하는 것은 중요합니다. SNS, 베스트셀러 목록, 관련 산업의 기사 등을 참고하면 유망한 아이디어를 찾을 수 있습니다.

### 3) 독서 경험 활용

다양한 책을 읽는 것은 새로운 아이디어의 원천이 될 수 있습니다. 마케터를 위한 필독서 목록 등을 참고하여 다양한 분야의 책을 접하는 것이 도움이 될 수 있습니다.

### 4) 사회적 문제

현재 사회에서 논의되고 있는 문제나 이슈를 책의 주제로 삼을 수 있습니다. 예를 들어, 환경 문제, 경제적 불평등, 정신 건강 등은 많은 사람들에게 중요한 주제입니다.

### 5) 자기 경험과 이야기

개인의 경험을 바탕으로 한 책은 여전히 강력한 콘텐츠가 될 수 있습니다. 개인적인 이야기나 여행 경험, 직장 생활 등은 독자들과의 공감을 이끌어낼 수 있는 강력한 콘텐츠가 될 수 있습니다.

### 6) 기존의 콘텐츠 재해석

기존에 많이 알려진 주제나 콘텐츠를 새로운 시각으로 바라보거나 다른 형태로 재구성하는 방법입니다. 예를 들어, 고

전 문학을 현대적인 이야기로 풀어내거나, 기존의 인기 장르를 현대적 상황에 맞게 재창조하는 것입니다.

### 7) 인터뷰와 대화

주변 사람들, 전문가, 혹은 타 분야의 사람들과 인터뷰를 통해 그들의 경험과 지식에서 아이디어를 얻을 수 있습니다. 다양한 사람들의 의견을 듣고 그 속에서 유용한 아이디어를 발견해 보세요.

### 8) 문제 해결 중심의 아이디어

사람들이 자주 겪는 문제나 어려움을 해결할 수 있는 실용적인 솔루션을 제공하는 책은 여전히 수요가 있습니다. 예를 들어, 시간 관리, 생산성 향상, 관계 개선 등 실용적인 솔루션을 제공하는 책을 기획할 수 있습니다.

### 9) 문화적 요소 탐구

특정 문화, 전통, 역사적 사건 등을 책의 주제로 삼을 수 있습니다. 문화와 관련된 이야기는 독자들에게 새로운 시각을 제공할 수 있으며, 글로벌 독자층을 타깃으로 할 수 있습니다.

## 10) 상상력과 창의력 발휘

창의적인 아이디어는 새로운 장르나 스타일의 책을 만들어 낼 수 있습니다. 과학적 상상력, 판타지적 요소, 미래 예측 등 창의적인 아이디어는 새로운 장르나 스타일의 책을 만들어낼 수 있습니다.

아이디어 찾기에 충분한 시간과 노력을 투자하는 것은 성공적인 출판을 위한 필수적인 과정입니다. 이제 여러분만의 독특하고 가치 있는 아이디어를 찾아 나서는 여정을 시작해 보세요.

# 콘셉트 개발

책 출판의 여정에서 콘셉트 개발은 단순한 아이디어 구상을 넘어선 전략적 과정입니다. 이는 책의 정체성을 형성하고, 시장에서의 성공 가능성을 높이는 핵심 단계입니다.

왜 콘셉트 개발이 그토록 중요할까요?

첫째, 콘셉트는 책을 '사게 만드는 힘'입니다. 수많은 책들 사이에서 독자의 관심을 끌고 구매로 이어지게 하는 핵심 요소입니다.

둘째, 콘셉트 개발은 출판사의 전문성을 보여주는 과정입니다. 단순히 원고를 받아 인쇄하는 것이 아니라, 시장의 요구에 맞춰 콘텐츠를 재구성하고 가치를 부여하는 작업입니다.

셋째, 콘셉트는 책의 모든 요소를 일관되게 만드는 지침이 됩니다. 제목, 표지 디자인, 목차 구성 등 책의 모든 부분이 하나의 방향을 향하도록 만듭니다.

넷째, 콘셉트 개발은 독자와의 연결고리를 만듭니다. 독자의 니즈를 정확히 파악하고 이에 부응하는 콘텐츠를 제공함으로써, 책과 독자 사이의 유대감을 형성합니다.

마지막으로, 콘셉트는 책의 미래를 설계합니다. 단기적인 판매 전략뿐만 아니라, 장기적인 시장 포지셔닝과 브랜드 구축의 기초가 됩니다.

따라서 콘셉트 개발에 충분한 시간과 노력을 투자하는 것은 성공적인 출판을 위한 필수적인 과정입니다. 이는 단순한 책 만들기를 넘어, 독자와 시장을 고려한 전략적 접근의 시작점이 됩니다.

### 1) 핵심 메시지 정의

책의 중심 아이디어를 명확히 설정하세요. 이는 독자에

게 전달하고자 하는 가치와 직결됩니다. 단순한 정보 전달을 넘어, 독자의 삶에 어떤 변화를 줄 수 있는지 고민해야 합니다.

### 2) 독자 타깃 설정
목표 독자층을 구체적으로 정의하세요. 이들의 특성, 니즈, 관심사를 깊이 이해하고 분석하여 콘텐츠의 방향성을 결정합니다.

### 3) 차별화 전략 수립
기존 서적과의 차별점을 명확히 하세요. 독특한 관점, 새로운 정보, 혹은 혁신적인 접근 방식을 통해 책의 유니크한 가치를 창출합니다.

### 4) 내러티브 구조 설계
책의 전체적인 흐름과 구조를 계획하세요. 독자가 자연스럽게 몰입할 수 있는 스토리라인을 구축합니다.

### 5) 시각적 요소 통합
콘텐츠를 효과적으로 전달할 수 있는 시각적 요소를 고려하세요. 이는 단순한 장식이 아닌, 메시지를 강화하는 도구로 활용됩니다.

### 6) 문제 해결 중심 접근

독자의 실질적인 고민이나 문제를 해결하는 방식으로 콘텐츠를 구성하세요. 이는 책의 실용적 가치를 높이는 데 도움이 됩니다.

### 7) 기존 개념의 재해석

잘 알려진 아이디어나 이론을 새로운 맥락에서 재해석해보세요. 이를 통해 친숙함과 신선함을 동시에 제공할 수 있습니다.

### 8) 멀티미디어적 접근

텍스트 외에도 다양한 미디어 요소를 활용하여 독자의 몰입도를 높이세요. 이는 디지털 시대의 독자들에게 더욱 매력적으로 다가갈 수 있습니다.

### 9) 혁신적 형식 실험

기존의 책 형식에서 벗어난 새로운 시도를 해보세요. 이는 독자에게 신선한 경험을 제공하고, 시장에서의 주목도를 높일 수 있습니다. 예를 들어, 장르를 혼합하거나, 문체나 서술 방식을 독특하게 만드는 것입니다.

### 10) 지속적인 피드백 수렴

초기 콘셉트에 대해 다양한 의견을 수집하고 반영하세요. 이는 콘셉트의 완성도를 높이고, 시장 반응을 미리 예측하는 데 도움이 됩니다.

이러한 접근 방식들을 통해, 독자의 니즈와 시장의 요구를 충족시키는 동시에 작가의 창의성을 살린 독특하고 매력적인 콘셉트를 개발할 수 있습니다.

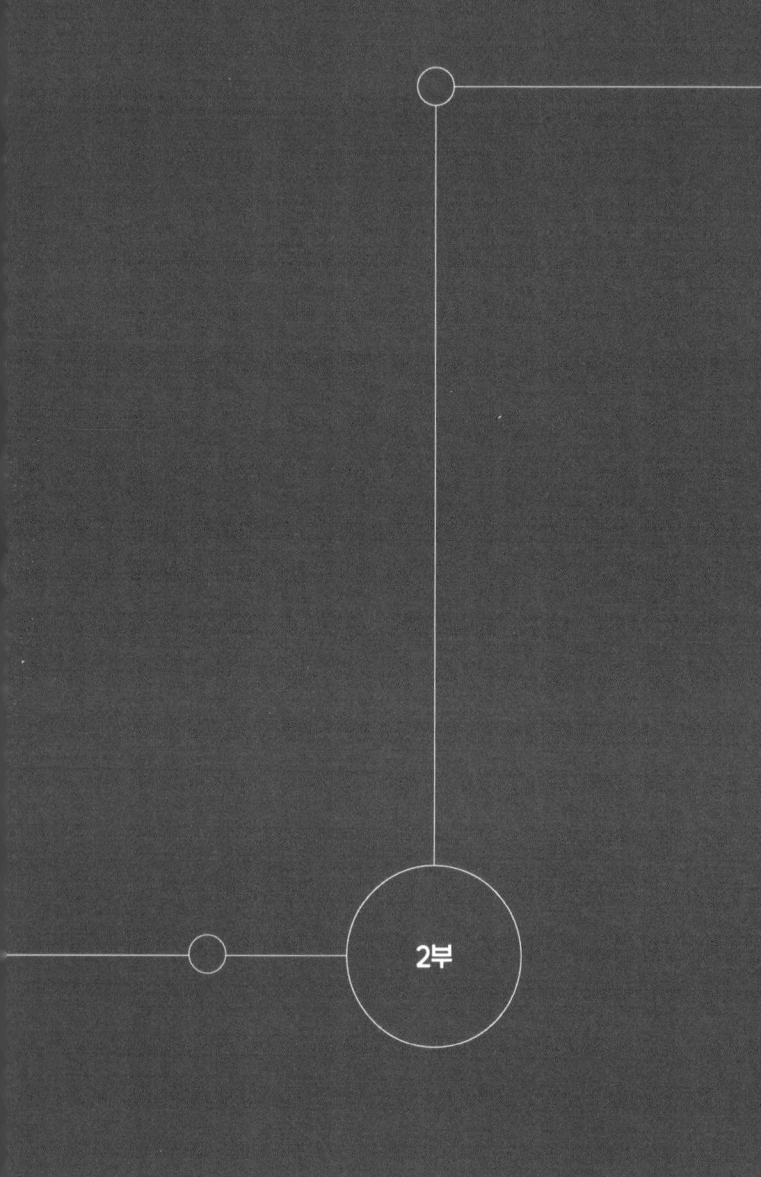

2부

# 책 만들기

# 원고 작성과 편집

책 출판 과정에서 원고 작성과 편집은 책의 근간을 이루는 핵심적인 단계입니다. 이 과정은 단순히 글을 쓰는 것을 넘어 책의 정체성과 가치를 결정짓는 중요한 역할을 합니다.

원고 작성은 저자의 아이디어와 메시지를 구체화하는 첫 단계입니다. 이 과정에서 저자는 자신의 생각을 명확하게 정리하고, 독자들에게 전달하고자 하는 핵심 내용을 체계적으로 구성합니다. 잘 작성된 원고는 책의 성공을 위한 필수 요소입니다.

편집 과정은 원고를 다듬고 보완하여 독자들이 쉽게 이해하고 공감할 수 있는 형태로 만드는 작업입니다. 이 단계에서는 내용의 논리성, 문장의 가독성, 전체적인 구조 등을 세심하게 검토하고 개선합니다.

원고 작성과 편집의 중요성은 다음과 같습니다.

1. 책의 품질 결정: 잘 쓰여진 원고와 꼼꼼한 편집은 책의 전반적인 품질을 좌우합니다.

2. 독자와의 소통: 명확하고 체계적인 내용 구성은 독자들의 이해를 돕고 공감을 이끌어냅니다.

3. 출판 성공의 기반: 탄탄한 원고와 편집은 출판 후 마케팅과 판매에도 긍정적인 영향을 미칩니다.

4. 저자의 메시지 전달: 효과적인 원고 작성과 편집은 저자의 의도를 정확히 전달하는 데 필수적입니다.

5. 시간과 비용 절감: 초기 단계에서의 철저한 원고 준비와 편집은 이후 발생할 수 있는 문제들을 미리 방지하여 전체 출판 과정의 효율성을 높입니다.

따라서 원고 작성과 편집에 충분한 시간과 노력을 투자하는 것은 성공적인 책 출판을 위한 필수적인 과정이라고 할 수 있습니다.

### 1) 원고 작성

(1) 아이디어 구체화

책의 핵심 아이디어를 명확히 정의하는 것이 첫 단계입니다. 이 과정에서 유사 도서와의 차별점을 파악하고, 독자에게 제공할 고유한 가치를 설정합니다. 아이디어의 독창성과 시장성을 균형 있게 고려해야 합니다.

(2) 개요 작성

책의 전체 구조를 설계합니다. 각 장의 주요 내용을 요약하고, 논리적 흐름을 점검합니다. 이 단계에서 필요한 자료나 추가 연구 영역을 파악할 수 있습니다. 개요는 유연하게 작성하여 집필 과정에서 수정될 수 있음을 염두에 둡니다.

(3) 첫 번째 초안 작성

개요를 바탕으로 초안을 작성합니다. 이 단계에서는 완벽함보다는 아이디어의 전개에 집중합니다. 글쓰기 블록을 극복하기 위해 '자유 글쓰기' 기법을 활용할 수 있습니다. 초안 작성 시 참고 문헌과 인용 출처를 꼼꼼히 기록해 두는 것이 중요합니다.

(4) 일정 관리

현실적인 집필 일정을 수립합니다. 하루 목표 단어 수나 페이지 수를 정하고, 주간 및 월간 목표를 설정합니다. 집필 진행 상황을 시각화하여 동기 부여를 할 수 있습니다. 필요시 집필에 전념할 수 있는 '집중 기간'을 설정하는 것도 효과적입니다.

(5) 자기 검토 및 수정

초안 완성 후 일정 기간을 두고 객관적 시각으로 검토합니다. 내용의 일관성, 논리성, 가독성을 중점적으로 점검합니다. 이 과정에서 전문가나 동료의 피드백을 받는 것도 도움이 됩니다. 수정 과정에서는 불필요한 내용을 과감히 삭제하고, 핵심 메시지를 강화하는 데 주력합니다.

(6) 자료 검증 및 보완

인용된 자료와 통계의 정확성을 재확인합니다. 최신 연구

결과나 데이터를 추가하여 내용의 시의성을 높입니다. 필요한 경우 전문가 인터뷰나 추가 조사를 통해 내용을 보강합니다.

(7) 문체와 톤 일관성 유지
책 전체에 걸쳐 일관된 문체와 톤을 유지합니다. 목표 독자층에 적합한 언어 수준과 표현을 사용하며, 전문 용어 사용 시 적절한 설명을 덧붙입니다.

**2) 편집**
(1) 구조적 편집
책의 전체 구조와 내용의 일관성을 점검합니다. 이 단계에서는 각 장의 배열, 논리적 흐름, 주제의 전개 방식 등을 검토합니다. 필요한 경우 내용의 재배치, 추가, 또는 삭제를 진행합니다. 이는 책의 전반적인 메시지와 목적을 강화하는 데 중요합니다.

(2) 문장 편집
개별 문장과 문단의 구조를 개선합니다. 이 과정에서는 문장의 명확성, 간결성, 리듬감을 향상시킵니다. 불필요한 반복, 모호한 표현, 과도한 수식어 등을 제거하여 글의 가독성을 높입니다. 또한 문장 간의 연결성을 확인하여 내용의 흐름을 매끄럽게 만듭니다.

(3) 세부 언어 편집

철자, 문법, 구두점, 용어 사용의 정확성을 검토합니다. 이 단계에서는 스타일 가이드를 참조하여 일관된 표현과 형식을 유지합니다. 전문 용어의 정확한 사용, 약어의 적절한 설명, 인용의 정확성 등을 확인합니다. 또한 저작권 문제가 없는지도 점검합니다.

(4) 전문 편집자와의 협업

객관적인 시각과 전문성을 위해 외부 편집자와 협업하는 것이 중요합니다. 전문 편집자는 내용의 정확성, 구조의 적절성, 타깃 독자층에 대한 적합성 등을 평가합니다. 이 과정은 여러 차례의 피드백과 수정을 포함할 수 있으며, 저자와 편집자 간의 원활한 소통이 필수적입니다.

(5) 일관성 확보

책 전체에 걸쳐 문체, 용어, 형식의 일관성을 유지합니다.

이를 위해 스타일 시트를 작성하여 사용하는 것이 효과적입니다. 특히 학술서의 경우, 인용 방식, 참고문헌 형식 등의 일관성이 중요합니다.

(6) 독자 중심 검토
목표 독자층의 관점에서 내용을 재검토합니다. 설명이 충분한지, 어려운 개념은 적절히 해설되었는지, 독자의 흥미를 유지할 수 있는지 등을 점검합니다. 필요한 경우 용어 설명, 예시 추가, 시각 자료 보완 등을 고려합니다.

(7) 사실 확인 및 업데이트
모든 사실, 통계, 인용 등의 정확성을 재확인합니다. 특히 시사성 있는 주제의 경우, 최신 정보로 업데이트가 필요한지 검토합니다. 필요시 전문가의 자문을 받아 내용의 신뢰성을 높입니다.

(8) 디자인 및 레이아웃 검토
텍스트와 시각 요소의 조화를 확인합니다. 챕터 구분, 여백, 글꼴, 이미지 배치 등이 내용 전달에 효과적인지 검토합니다. 특히 표, 그래프, 이미지 등의 품질과 적절성을 확인하고, 필요한 경우 개선합니다.

### 3) 최종 검토 및 출판 준비

(1) 최종 원고 검토

모든 편집과 수정을 마친 후, 최종 원고를 철저히 검토합니다. 페이지 수, 챕터 제목, 목차 등을 다시 한번 확인하여 누락된 부분이나 오류가 없는지 확인합니다.

(2) 출판 준비

최종적으로 원고가 확정되면 출판사와의 협업을 시작합니다. 출판사의 요구사항에 맞춰 원고 파일을 준비하고, 인쇄본으로 제작될 수 있도록 모든 준비가 끝났음을 확인합니다.

원고 작성과 편집은 끊임없는 개선과 발전의 과정입니다. 이 과정을 통해 저자는 자신의 생각을 더욱 명확히 하고, 독자와의 소통 능력을 향상시킬 수 있습니다. 결국 이는 더 나은 책을 만들어내는 원동력이 되며, 출판 산업 전체의 질적 향상에도 기여하게 됩니다.

# 디자인 및 레이아웃

책 출판 과정에서 디자인과 레이아웃은 단순히 책의 외관을 꾸미는 것 이상의 중요한 역할을 합니다. 이는 저자의 메시지를 독자에게 효과적으로 전달하는 핵심 요소입니다.

디자인과 레이아웃은 책의 첫인상을 결정짓는 표지부터 시작하여 독자가 가장 많은 시간을 보내는 내지까지 책 전체의 가독성과 매력도에 영향을 미칩니다. 잘 구성된 디자인과 레이아웃은 독자의 관심을 끌고 내용에 몰입할 수 있게 하며, 책의 전반적인 품질과 전문성을 높이는 데 기여합니다.

특히 내지 디자인은 독자의 독서 경험을 좌우합니다. 적절한 여백, 가독성 높은 폰트 선택, 일관된 스타일 등은 독자가 피로감 없이 오랜 시간 책을 읽을 수 있게 해줍니다. 또한, 책의 콘셉트에 맞는 디자인 요소를 적용함으로써 내용의 이해를 돕고 책의 정체성을 강화할 수 있습니다.

더불어 디자인과 레이아웃은 책의 구조를 명확히 하고 정보의 위계질서를 시각적으로 표현하는 데 중요한 역할을 합니다. 이는 독자가 책의 내용을 쉽게 파악하고 필요한 정보를 빠르게 찾을 수 있게 해줍니다.

결국, 책의 디자인과 레이아웃은 단순한 꾸밈이 아닌 내용과 형식의 조화를 통해 책의 가치를 극대화하는 전략적 도구입니다. 이는 책의 상업적 성공뿐만 아니라 저자의 메시지가 독자에게 효과적으로 전달되는 데 결정적인 역할을 합니다.

### 1) 디자인의 중요성

책의 디자인은 단순히 '예쁜' 책을 만드는 것이 아니라, 독자가 책을 쉽게 읽을 수 있도록 돕고, 내용의 전달을 효율적으로 할 수 있게 만드는 중요한 과정입니다. 또한, 책의 전체적인 인상을 결정짓는 부분으로, 독자에게 첫인상을 강하게 남깁니다.

**2) 책의 디자인 단계**

(1) 표지 디자인

책의 표지는 독자의 관심을 끌 수 있는 가장 중요한 요소입니다. 실제로 사람들은 평균 7초 안에 책을 살지 말지 결정하며, 이 과정에서 표지가 결정적인 역할을 합니다. 표지 디자인은 책의 내용을 반영하고, 독자의 흥미를 유발하는 요소로 구성되어야 합니다.

작업 과정:

1. 책의 주제, 톤, 메시지를 반영한 디자인 요소를 결정합니다. 이 과정에서 타깃 독자층을 정확히 파악하는 것이 중요합니다.

2. 서체, 색상, 이미지 등을 조화롭게 사용하여 책의 내용을 잘 전달할 수 있도록 합니다. 색상 선택은 책의 장르와 분위기를 암시하는 중요한 역할을 합니다.

3. 책 제목, 저자명, 표지 일러스트 또는 사진 등을 적절하게 배치합니다. 이 요소들의 배치는 책의 정체성을 나타내는 데 중요합니다.

표지 디자인은 전문 디자이너와의 협업이 필수적입니다. 디자이너는 책의 주제와 콘셉트를 바탕으로 시각적으로 매력적인 표지를 완성할 수 있습니다. 전문가의 디자인 지식과 경험, 시장 동향 분석 능력, 창의적인 아이디어가 책의 경쟁력을 높이는 데 기여합니다.

표지 디자인은 단순한 꾸밈이 아닌 책의 마케팅 전략과 판매 성과에 직접적인 영향을 미치는 중요한 요소입니다. 따라서 충분한 고려와 투자가 필요한 과정이라고 할 수 있습니다.

(2) 내지 디자인

내지 디자인은 책의 본문을 어떻게 편집하고 배열할지 결정하는 핵심 과정입니다. 이는 단순히 텍스트를 배치하는 것을 넘어, 독자의 이해도와 몰입도를 높이는 전략적 작업입니다. 잘 구성된 내지 디자인은 독자의 피로도를 줄이고 장시간 독서를 가능하게 합니다.

(3) 내지 레이아웃

1. 글꼴 선택: 책의 내용과 목적에 부합하는 글꼴 선택은 매우 중요합니다. 본문에는 일반적으로 가독성이 높은 세리프체를 사용하지만, 최근에는 산세리프체도 많이 활용됩니다. 제목이나 부제목에는 더 독특하거나 굵은 글꼴을 사용하여 시각적 계층구조를 만듭니다.

2. 폰트 크기 및 간격: 적절한 폰트 크기와 행간(leading)은 독서 경험을 좌우합니다. 일반적으로 본문 텍스트는 9-12pt 사이를 사용하며, 행간은 폰트 크기의 120-150% 정도로 설정합니다. 이는 독자의 연령대나 책의 성격에 따라 조정될 수 있습니다.

3. 단락 및 여백: 단락 간격과 여백은 텍스트의 '호흡'을 만듭니다. 적절한 여백은 페이지에 시각적 휴식을 제공하며, 독자의 눈이 다음 줄을 쉽게 찾을 수 있게 합니다. 일반적으로 내측 여백은 20mm, 외측 여백은 25mm 정도로 설정하지만, 책의 두께와 제본 방식에 따라 조정이 필요합니다.

4. 목차 디자인: 목차는 책의 구조를 명확히 보여주는 중요한 요소입니다. 계층적 구조를 시각적으로 표현하고, 페이지 번호와의 연결성을 고려해야 합니다. 최근에는 인포그래픽 요소를 활용한 창의적인 목차 디자인도 증가하고 있습니다.

내지 디자인은 책의 성격, 독자층, 내용의 복잡성 등을 종합적으로 고려하여 결정해야 합니다. 또한 디지털 출판 환경을 고려하여 다양한 디바이스에서도 최적화된 독서 경험을 제공할 수 있도록 설계해야 합니다.

(4) 페이지 디자인

페이지 디자인은 책의 전체적인 구조와 가독성을 결정짓는 중요한 요소입니다. 잘 구성된 페이지 디자인은 독자의 몰입도를 높이고 정보를 효과적으로 전달합니다.

1. 페이지 번호 및 머리말/꼬리말:
    페이지 번호는 일관된 위치에 배치하여 독자가 쉽게 찾을 수 있게 합니다. 일반적으로 바깥쪽 하단이나 상단에 위치시킵니다. 머리말이나 꼬리말에는 책의 제목, 저자명, 챕터명 등을 넣어 독자가 현재 읽고 있는 부분을 쉽게 파악할 수 있게 합니다. 이러한 요소들은 책의 전체 디자인과 조화를 이루도록 설계해야 합니다.

2. 이미지 및 그래픽 요소:

텍스트와 이미지의 비율은 책의 성격에 따라 다르지만, 일반적으로 40:60에서 30:70 정도의 비율이 적절합니다. 이미지, 도표, 차트 등은 본문 내용을 보완하고 설명하는 역할을 합니다. 이들은 단순히 장식이 아닌 정보 전달의 도구로 활용되어야 합니다. 고해상도 이미지를 사용하여 인쇄 품질을 보장하고, 필요한 경우 전문 일러스트레이터나 그래픽 디자이너와 협업하는 것이 좋습니다.

3. 장/챕터 구분:

각 장이나 챕터의 시작은 새로운 우측 페이지에서 시작하는 것이 일반적입니다.

챕터 제목은 본문보다 크고 굵은 글씨체를 사용하여 강조합니다. 일반적으로 본문의 2-3배 크기를 사용합니다. 챕터 시작 페이지에는 여백을 더 주어 시각적 휴식과 함께 새로운 내용의 시작을 알립니다. 디자인 요소(예: 장식선, 일러스트레이션)를 추가하여 각 챕터의 시작을 더욱 돋보이게 할 수 있습니다.

페이지 디자인은 책의 장르, 대상 독자, 내용의 성격 등을 종합적으로 고려하여 결정해야 합니다. 일관성 있는 디자인을 유지하면서도 각 요소들이 조화롭게 어우러져 독자의 독서 경험을 향상시키는 것이 핵심입니다.

(5) 본문 색상 및 디자인

색상 활용:

본문은 일반적으로 검정색 텍스트를 사용하여 가독성을 최대화합니다. 이는 오랜 시간 독서 시 눈의 피로를 최소화하기 위함입니다.

강조가 필요한 부분이나 인용문에는 색상을 활용할 수 있습니다. 단, 색상 선택 시 WCAG(Web Content Accessibility Guidelines) 기준을 참고하여 텍스트와 배경 간 충분한 대비를 확보해야 합니다.

색맹이나 색약 독자를 고려하여, 색상만으로 정보를 구분하지 않도록 주의해야 합니다. 필요한 경우 색상과 함께 형태나 패턴을 병용하는 것이 좋습니다.

본문의 일관성:
책 전체에 걸쳐 일관된 디자인 요소를 유지하는 것은 독자의 몰입도를 높이고 정보 전달의 효율성을 증가시킵니다.

스타일 가이드를 작성하여 글꼴, 크기, 행간, 단락 스타일, 색상 팔레트 등을 명확히 정의하고 이를 전체 책에 일관되게 적용합니다.

디자인의 일관성은 책의 전문성과 완성도를 높이는 데 기여합니다. 특히 학술서나 전문서적의 경우, 일관된 디자인은 내용의 신뢰성을 뒷받침하는 요소가 됩니다.

추가적으로, 디지털 출판 환경을 고려한 디자인도 중요합니다. 반응형 디자인을 적용하여 다양한 디바이스에서도 최적의 독서 경험을 제공할 수 있도록 해야 합니다. 이는 e-book이나 웹 기반 출판물에서 특히 중요한 요소입니다.

(6) 디자인의 편집과 수정
초기 디자인 후 검토:
디자인 초안이 완성되면, 편집자와 디자이너가 협력하여 책의 본문과 디자인을 종합적으로 검토합니다. 이 과정은 단순히 시각적 요소만을 점검하는 것이 아니라, 내용의 전달력과 디자인의 조화를 평가하는 중요한 단계입니다.

텍스트와 이미지의 배치, 글자 크기, 행간, 여백 등을 세밀하게 확인합니다. 특히 본문의 가독성, 제목의 강조도, 페이지 레이아웃의 일관성 등을 중점적으로 점검합니다.

인쇄 품질 확인을 위해 실제 인쇄본(프루프)을 제작하여 검토하는 것이 좋습니다. 이를 통해 화면상에서 발견하기 어려운 문제점들을 파악할 수 있습니다.

(7) 독자 피드백

디자인 초안에 대한 독자 피드백은 실제 사용자 경험을 반영할 수 있는 중요한 과정입니다. 이는 사용자 중심 디자인(User-Centered Design) 원칙을 책 디자인에 적용하는 것입니다.

다양한 연령대와 배경을 가진 독자 그룹을 선정하여 피드백을 수집합니다. 이때 단순히 '좋다/나쁘다'의 이분법적 평가가 아닌, 구체적인 사용 경험과 개선점을 파악하는 것이 중요합니다.

독자들의 피드백을 통해 가독성, 편안함, 정보 전달의 효율성 등을 평가합니다. 특히 장시간 독서 시 눈의 피로도, 정보의 이해도, 페이지 넘김의 용이성 등을 중점적으로 확인합니다.

필요한 경우, 아이트래킹(eye-tracking) 기술을 활용하여 독자의 시선 이동 패턴을 분석하고, 이를 디자인 개선에 반영할 수 있습니다.

이러한 과정을 통해 수집된 피드백은 디자인의 최종 수정 단계에 반영되어, 독자 친화적이고 효과적인 책 디자인을 완성하는 데 기여합니다.

(8) 디지털 및 인쇄 준비

파일 포맷:

디자인이 최종 확정되면, 출판사의 요구사항에 맞춰 적절한 파일 포맷으로 변환합니다. 일반적으로 인쇄용으로는 고해상도 PDF가 선호되며, 이는 폰트 임베딩과 이미지 해상도 유지에 적합합니다. InDesign 파일은 편집의 유연성을 위해 요구될 수 있습니다. e-book 출판을 고려할 경우, EPUB 또는 MOBI 형식으로 변환하여 다양한 디지털 기기에서의 가독성을 최적화해야 합니다.

### 3) 디자인과 레이아웃의 목표

디자인과 레이아웃 과정은 창의성과 기술적 전문성이 만나는 지점입니다. 이는 단순한 미적 작업이 아닌, 책의 내용을 효과적으로 전달하고 독자의 경험을 향상시키는 전략적 과정입니다. 따라서 출판 과정에서 충분한 시간과 자원을 투자하여 최적의 결과를 얻을 수 있도록 해야 합니다.

결론적으로, 잘 계획되고 실행된 디자인과 레이아웃은 책의 상업적 성공뿐만 아니라 독자와의 깊이 있는 소통을 가능케 하는 핵심 요소입니다. 이는 책이 단순한 정보의 전달을 넘어 독자에게 의미 있는 경험을 제공할 수 있게 하는 중요한 도구입니다.

# 제작

책 출판 과정에서 제작 단계는 저자의 아이디어와 노력이 물리적 형태로 구현되는 중요한 과정입니다. 인쇄, 종이 선택, 제본 형태는 단순히 기술적인 문제가 아닌 책의 정체성과 독자 경험을 결정짓는 핵심 요소입니다.

제작 과정의 중요성은 다음과 같습니다.

1. 품질 결정: 고품질 인쇄와 적절한 종이 선택은 책의 전반적인 품질과 내구성을 좌우합니다.
2. 독자 경험 향상: 제본 형태와 종이 질감은 독자의 촉각적, 시각적 경험에 직접적인 영향을 미칩니다.

3. 책의 가치 표현: 제작 방식은 책의 내용과 가치를 물리적으로 표현하는 수단입니다.

4. 시장 경쟁력: 독특하고 매력적인 제작은 책의 시장 경쟁력을 높일 수 있습니다.

5. 브랜드 정체성: 일관된 제작 스타일은 출판사나 시리즈의 브랜드 정체성을 강화합니다.

따라서 제작 과정은 단순한 기술적 절차가 아닌, 책의 내용과 형식이 조화를 이루는 창의적이고 전략적인 과정으로 인식되어야 합니다. 이는 책이 단순한 정보 전달 매체를 넘어 하나의 예술 작품으로 승화되는 데 중요한 역할을 합니다.

이제부터 제작에서 주로 사용되는 내용에 대해 알아보겠습니다.

### 1) 인쇄 형식

(1) 디지털 인쇄 (Digital Printing)
디지털 인쇄는 컴퓨터에서 직접 파일을 인쇄기로 전송하여 종이에 출

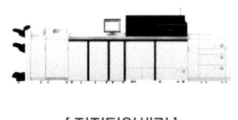

[ 지지털인쇄기 ]
(출처: 캐논코리아)

력하는 현대적인 인쇄 방식입니다. 이는 전통적인 아날로그 방식과 대비되며, 디지털 기술의 발전으로 인쇄 산업에 혁신을 가져왔습니다.

장점:
1. 소량 인쇄의 경제성: 초기 설정 비용이 낮아 소량 제작에 적합합니다.
2. 신속한 제작: 디지털 파일에서 직접 인쇄되어 제작 후 즉시 출력이 가능합니다.
3. 맞춤화 용이성: 개인화된 책이나 주문형 출판에 이상적입니다.
4. 환경 친화적: 기존 인쇄 방식에 비해 폐기물 발생이 적습니다.

단점:
1. 대량 생산 시 비용 효율성 저하: 대규모 인쇄 시 아날로그 방식보다 비용이 높을 수 있습니다.
2. 품질 제한: 일부 고급 인쇄물에서는 아날로그 인쇄에 비해 품질이 떨어질 수 있습니다.

적합한 경우:

1. 소량 인쇄, 자주 내용이 변경되는 책, 개인화된 도서, 주문형 출판에 적합합니다.
2. 포장 및 라벨 분야에서도 높은 성장이 예상됩니다.

최신 동향:

1. 지속 가능성 강화: 친환경적이고 지속 가능한 잉크 개발에 대한 관심이 증가하고 있습니다.
2. 기술 혁신: AI와 같은 첨단 기술의 도입으로 인쇄 품질과 효율성이 지속적으로 향상되고 있습니다.
3. 시장 성장: 디지털 인쇄 잉크 시장은 2030년까지 연평균 7.1%의 성장률을 보일 것으로 예상됩니다.

디지털 인쇄는 현대 출판 산업의 핵심 기술로 자리잡았으며, 앞으로도 기술 발전과 시장 요구의 변화에 따라 계속 진화할 것으로 전망됩니다.

(2) 오프셋 인쇄 (Offset Printing)

오프셋 인쇄는 금속판에 이미지를 새긴 후, 그 이미지를 고무판을 통해 종

[오프셋인쇄기]
(출처: 하이델베르그)

이에 전사하는 방식입니다. 이 기술은 대량 인쇄에 주로 사용되며, 현대 인쇄 산업의 중추적인 역할을 담당하고 있습니다.

장점:

1. 경제성: 대량 생산 시 단위당 비용이 저렴합니다. 특히 대규모 인쇄 작업에서 비용 효율성이 높습니다.

2. 고품질: 정교한 색상 재현과 선명한 이미지 품질을 제공합니다. 특히 포장 및 상업용 인쇄물에서 높은 품질을 요구할 때 적합합니다.

3. 다양성: 다양한 종이와 인쇄 품질을 선택할 수 있어, 프로젝트의 특성에 맞는 맞춤형 솔루션을 제공합니다.

4. 지속가능성: 최근 친환경 잉크와 재생 종이 사용 등으로 환경 친화적인 인쇄 방식으로 발전하고 있습니다.

단점:

1. 초기 비용: 초기 셋업 비용이 높고, 인쇄 전 준비 시간이 필요합니다.

2. 소량 인쇄의 비효율성: 소량 인쇄에는 비용 효율성이 떨어질 수 있습니다.

적합한 경우:

1. 대량 인쇄: 특히 500부 이상의 대규모 인쇄 작업에 적합합니다.

2. 고품질 요구: 품질을 중시하는 고급 도서, 잡지, 카탈로그 등의 제작에 이상적입니다.

3. 포장 산업: 식품 및 의약품 포장 등 고품질 인쇄가 필요한 산업 분야에서 널리 사용됩니다.

최신 동향:

1. 디지털 기술 통합: 오프셋 인쇄와 디지털 기술의 융합으로 하이브리드 인쇄 솔루션이 등장하고 있습니다.

2. 자동화 발전: 생산 효율성 향상과 인적 오류 감소를 위한 자동화 기술이 도입되고 있습니다.

3. 시장 전망: 오프셋 인쇄 시장은 지속적인 성장이 예상되며, 특히 포장 산업에서의 수요 증가가 주요 성장 동력이 될 것으로 보입니다.

오프셋 인쇄는 기술 혁신과 시장 요구의 변화에 따라 계속 진화하고 있으며, 디지털 시대에도 여전히 중요한 인쇄 방식으로 자리잡고 있습니다.

(3) 그라비어 인쇄 (Gravure Printing)

그라비어 인쇄는 금속, 세라믹 또는 플라스틱의 판에 이미지를 깊게 파내어 잉크를 묻히고 이를 종이나 필름에 전사하는 고품질 인쇄 방식입니다. 이 기술은 깊이 있는 색상 표현과 높은 해상도를 제공합니다.

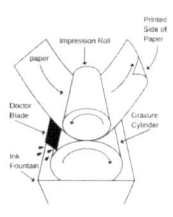

[ 그라비어인쇄 ]

장점:

1. 뛰어난 화질: 매우 고품질의 인쇄를 제공하며, 특히 색감이 풍부하고 섬세한 이미지 표현이 가능합니다.

2. 대량 생산 적합성: 대량 인쇄에 적합하며, 긴 인쇄 사이클을 위해 고정된 품질을 유지할 수 있습니다.

3. 잉크 도포량: 깊이 있는 각인을 통해 잉크 도포량이 많아 높은 색상의 진하기와 더 나은 이미지 품질을 제공합니다.

단점:

1. 높은 초기 비용: 초기 셋업 비용이 매우 높고, 소량 인쇄에는 불리합니다.

2. 유지 보수: 인쇄 기계의 유지 비용이 많이 듭니다.

3. 제한적 적용: 다품종 소량 생산에 어려움이 있으며, 최소 10,000장 이상의 대량 생산에 적합합니다.

적합한 경우:

1. 고품질 인쇄물: 고급 이미지나 사진이 많이 포함된 책, 포스터, 대형 인쇄물 등에 적합합니다.

2. 대규모 생산: 대규모의 고급 인쇄 작업에 이상적입니다.

3. 특수 용도: 비닐, 필름 등 특수 소재 인쇄에 적합하며, 식품 포장, 가전제품 케이스 등 다양한 산업 분야에서 활용됩니다.

그라비어 인쇄는 복잡한 과정을 거치며, 각 단계가 최종 인쇄물의 품질에 결정적인 영향을 미칩니다. 이 기술은 고도의 전문성과 경험을 요구하지만, 그 결과물은 뛰어난 선명도와 채도를 제공합니다.

## 2) 인쇄 종이 종류

(1) 아트지 (Art Paper)

아트지는 표면이 매끄럽고 고급스러운 질감을 가진 유광 또는 무광 코팅 종이로, 색상 표현력이 뛰어나며 고품질 인쇄에 적합합니다. 주로 백색 안료와 바인더를 사용하여 코팅된 순백색의 종이로, 선명한 색상과 세밀한 디테일을 재현하는 데 탁월한 성능을 발휘합니다.

특징:

1. 색상 재현력: 아트지는 색상을 생생하고 선명하게 표현할 수 있어 사진이나 일러스트가 많은 인쇄물에 적합합니다. 광택 코팅은 잉크 번짐을 방지하고, 색상의 깊이와 디테일을 극대화합니다.

2. 다양한 용도: 고급 잡지, 카탈로그, 사진집, 광고물, 포스터, 단행본 표지 등 고화질 인쇄가 필요한 다양한 분야에서 사용됩니다.

3. 매끄러운 표면: 종이 표면이 부드럽고 깨끗하여 인쇄 품질을 높이고, 고급스러운 느낌을 제공합니다.

적합한 경우:

1. 사진과 일러스트가 강조된 책이나 미술 서적.

2. 고급 잡지 및 카탈로그처럼 시각적 완성도가 중요한 인쇄물.

3. 광고물이나 포스터 등 색감과 디테일이 돋보여야 하는 대중적인 인쇄 작업.

아트지는 그 특유의 매끄러운 질감과 뛰어난 색상 표현력 덕분에 고품질 인쇄 작업에서 필수적인 선택지로 자리 잡고 있습니다. 다만, 코팅된 표면 특성상 일반 펜으로 쓰기가 어렵고 흡수성이 낮아 특정 용도로는 적합하지 않을 수 있습니다. 이러한 점을 고려해 프로젝트의 목적과 디자인 요소에 맞는 아트지를 선택하는 것이 중요합니다.

(2) 모조지 (Mojo Paper)

모조지는 100% 표백된 화학 펄프로 만들어진 종이로, 표면에 섬세한 질감이 있으며 글씨가 잘 보이고 타이핑이 선명하게 나오는 특징을 가지고 있습니다. 이 종이는 종이 본연의 촉감과 질감을 유지하면서도 인쇄가 자연스럽게 나와 가성

비가 높은 용지로 널리 사용됩니다.

특징:

1. 용도: 일반적인 텍스트가 주를 이루는 책, 특히 소설 등의 단행본, 노트, 교과서 등에 적합합니다.

2. 품질과 가격: 두께와 질감에서 아트지보다 덜 고급스러우며, 가격이 상대적으로 저렴합니다.

3. 종류: 백색 모조지와 미색 모조지로 나뉩니다. 미색 모조지는 눈의 피로를 줄여 가독성이 높아 본문용지로 많이 사용됩니다.

4. 평량: 다양한 두께로 제공되며, 일반적으로 $60g/m^2$ 에서 $260g/m^2$ 까지 다양합니다.

5. 인쇄 특성: 표면이 매끄럽고 탄력이 좋아 필기와 인쇄에 적합합니다.

모조지는 가독성이 높고 경제적이며 다용도로 사용할 수 있어, 출판 산업에서 널리 사용되는 중요한 용지입니다. 특히 텍스트 중심의 출판물에 적합하여 책의 본문용지로 자주 선택됩니다.

(3) 크림지 (Cream Paper)

크림지는 약간 황색을 띤 부드러운 종이로, 눈의 피로를 줄이고 독서의 편안함을 제공하는 특징이 있습니다. 이 종이는 따뜻한 색조로 인해 빛의 반사를 줄여 눈의 긴장을 완화시킵니다.

특징:

1. 용도: 소설, 문학서적, 일반적인 텍스트 중심의 책에 널리 사용됩니다. 특히 장편 소설이나 에세이 등 장시간 독서가 필요한 작품에 적합합니다.

2. 독서 경험: 장시간 독서를 하는 독자에게 편안함을 제공하며, 집중력 향상에 도움을 줍니다.

3. 질감: 부드러운 표면 질감으로 인해 페이지 넘김이 용이하고, 손끝에 전해지는 감촉이 좋습니다.

4. 내구성: 일반적으로 산성도가 낮아 시간이 지나도 변색이 적고 오래 보존할 수 있습니다.

5. 인쇄 품질: 흡수성이 좋아 잉크가 번지지 않고 선명하게 인쇄됩니다.

크림지는 독자의 편의성을 고려한 종이로, 특히 디지털 기기 사용이 늘어난 현대 사회에서 아날로그적 독서의 매력을 더해주는 요소로 작용합니다. 출판사들은 책의 내용과 목적, 타깃 독자층을 고려하여 크림지 사용을 선택함으로써 독서 경험의 질을 높이고 있습니다.

(4) 매트지 (Matte Paper)

매트지는 광택이 없는 종이로, 부드럽고 텍스처가 살아있는 특징을 가집니다. 표면 처리 과정에서 코팅을 하지 않거나 무광 코팅을 적용하여 만들어집니다. 이 종이는 책의 내지로 널리 사용되며, 특히 텍스트 위주의 출판물에 적합합니다.

특징:

1. 가독성: 빛 반사가 없어 독자가 눈의 피로감을 덜 느끼게 해줍니다. 이는 장시간 독서나 학습에 적합한 환경을 제공합니다.

2. 인쇄 품질: 텍스트와 그래픽이 선명하게 인쇄되어 잘 읽힙니다. 특히 흑백 인쇄물에서 뛰어난 성능을 보입니다.

3. 질감: 부드러운 표면 질감으로 인해 자연스럽고 따뜻한 느낌을 줍니다. 이는 독자에게 편안한 독서 경험을 제공합니다.

4. 실용성: 고급스러운 느낌을 주지는 않지만, 다양한 용도로 활용할 수 있는 실용적인 종이입니다.

5. 필기 적합성: 펜이나 연필로 쓰기에 적합하여, 메모나 필기가 필요한 책에 이상적입니다.

6. 환경 친화성: 일반적으로 코팅이 적거나 없어, 재활용이 용이한 편입니다.

매트지는 그 특성상 학술서적, 소설, 비즈니스 서적 등 다양한 장르의 책에 사용됩니다. 또한 브로셔, 리플릿 등의 홍보물에도 자주 활용되어, 출판 및 인쇄 산업에서 중요한 위치를 차지하고 있습니다. 매트지의 선택은 책의 내용, 목적, 그리고 독자층을 고려하여 이루어져야 하며, 이는 전체적인 독서 경험의 질을 결정짓는 중요한 요소가 됩니다.

(5) 복합지 (Coated Paper)

복합지는 표면에 코팅 처리가 되어 있는 종이로, 일반적으로 아트지와 유사한 특성을 가지지만 비용 면에서 더 경제적입니다. 이 종이는 기본 용지에 미네랄이나 안료를 코팅하여 만들어집니다.

특징:

1. 인쇄 품질: 고품질의 색상 재현이 가능하며, 사진과 그래픽이 많은 책에 적합합니다. 특히 선명한 이미지와 풍부한 색감을 요구하는 출판물에 이상적입니다.

2. 경제성: 가격이 아트지보다 저렴하여 비용 효율적인 선택이 될 수 있습니다. 이는 대량 인쇄 시 상당한 비용 절감 효과를 가져올 수 있습니다.

3. 다양성: 광택 정도에 따라 유광, 반광, 무광 등 다양한 종류가 있어 출판물의 성격에 맞게 선택할 수 있습니다.

4. 내구성: 코팅 처리로 인해 일반 용지보다 내구성이 높아 오래 보존해야 하는 책에 적합합니다.

5. 가독성: 코팅 처리로 인해 빛 반사가 있을 수 있어, 텍스트 위주의 책보다는 이미지 중심의 책에 더 적합합니다.

복합지는 잡지, 카탈로그, 브로셔, 포스터 등 다양한 인쇄물에 널리 사용되며, 특히 시각적 요소가 중요한 출판물에서 그 가치를 발휘합니다. 하지만 선택 시 책의 목적, 내용, 예산 등을 종합적으로 고려해야 합니다.

### 3) 책 제본 형태

(1) 양장본 (Hardcover)

양장본은 단단한 표지로 제작된 책으로, 외부 충격에 강하고 고급스러운 외관을 자랑합니다. 이 제본 방식은 책의 내구성과 가치를 높이는 데 중점을 둡니다.

[양장제본 1]   [양장제본 2]

특징:

1. 내구성: 견고한 표지 덕분에 장기적으로 보관하기 좋으며, 반복적인 사용에도 잘 견딥니다. 이는 도서관이나 자주 참고하는 책에 특히 적합합니다.

2. 고급감: 가격이 비싸지만, 고급스러운 외관과 질감으로 인해 선물용이나 특별한 에디션으로 많이 사용됩니다.

3. 디자인 다양성: 표지 재질, 색상, 엠보싱 등 다양한 디자인 요소를 적용할 수 있어 책의 개성을 살리기 좋습니다.

4. 보존성: 먼지와 습기로부터 내용을 보호하여 책의 수명을 연장시킵니다.

5. 개폐 용이성: 책등이 단단해 펼쳐 놓기 쉽고, 이는 참고서나 요리책 등에서 유용합니다.

6. 가치 유지: 시간이 지나도 상태가 잘 유지되어 수집가치가 있는 책이나 한정판 출판물에 적합합니다.

양장본은 주로 문학 작품, 학술서, 아트북, 중요한 참고서 등에 사용됩니다. 제작 비용이 높지만, 책의 가치를 높이고 오래 보존하고자 하는 경우에 이상적인 선택입니다. 최근에는 환경을 고려한 재생 가능한 재료를 사용한 양장본도 증가하고 있어, 지속 가능성을 중시하는 출판 트렌드에도 부합합니다.

(2) 소프트커버 (Softcover)

소프트커버는 유연한 종이나 카드보드로 만든 표지를 가진 책으로, 하드커버에 비해 가볍고 경제적인 제본 방식입니다.

이는 '페이퍼백'이라고도 불리며, 대중적인 출판 형태로 널리 사용됩니다.

특징:

1. 경제성: 제작 비용이 낮아 대량 생산에 유리하며, 소비자에게 저렴한 가격으로 제공될 수 있습니다.

2. 휴대성: 가벼운 무게와 유연한 구조로 휴대가 용이하여 여행이나 통근 시 독서에 적합합니다.

3. 다양성: 소설, 교과서, 일반 도서 등 다양한 장르의 책에 널리 사용되며, 특히 대중문학에서 선호됩니다.

4. 생산 속도: 하드커버에 비해 제작 과정이 간단하여 빠른 출판이 가능합니다. 이는 시의성 있는 내용의 책에 적합합니다.

5. 환경 친화성: 일반적으로 재활용이 용이한 재료를 사용하여 환경 부담을 줄일 수 있습니다.

6. 마케팅 유연성: 표지 디자인을 쉽게 변경할 수 있어, 시장 반응에 따른 빠른 대응이 가능합니다.

7. 보관의 용이성: 공간을 적게 차지하여 많은 책을 소장하기 원하는 독자들에게 적합합니다.

소프트커버는 현대 출판 산업의 중추적인 역할을 하며, 특히 대중 문학과 학술 서적 분야에서 널리 사용됩니다. 최근에는 디지털 인쇄 기술의 발전으로 소량 주문 제작도 가능해져, 더욱 다양한 콘텐츠가 소프트커버 형태로 출판되고 있습니다. 이러한 유연성과 경제성은 소프트커버가 앞으로도 출판 시장에서 중요한 위치를 차지할 것임을 시사합니다.

(3) 무선제본 (Perfect Binding)

무선제본은 책의 페이지를 접착제로 단단히 고정하는 제본 방식으로, 실을 사용하지 않고 접착제만으로 책을 제본합니다. 주로 소프트커버 책, 잡지, 카탈로그 등에 사용되는 대표적인 제본 방식입니다.

[무선제본 1]    [무선제본 2]

특징:

1. 제본 방식:

고온에서 액상 상태가 된 무독성 접착제를 사용하여 내지와 표지를 결합합니다.

2. 적용 범위:

최소 64페이지부터 최대 1,000페이지까지 제본 가능합니다.
교육교재, 워크샵 책자, 가이드북, 안내서 등 다양한 출판물에 활용합니다.

3. 장점:

양장제본보다 저렴한 비용이 듭니다.
소량 제작(1~10부) 가능합니다.
직각 형태로 책 보관이 용이합니다.

4. 제본 기술:

EVA 제본: 전통적인 무선제본 방식입니다.
PUR 제본: 최근 대세가 되고 있는 방식으로, 180도 펼침이 가능하고 내구성이 뛰어납니다.

5. 제본 세부 사항:

표지: 보통 250g 스노우화이트 또는 아트지 사용합니다.

내지: 모조지 80g, 아트지 80g, 뉴플러스 80g 등 선택 가능합니다.

6. 한계:

접착제의 유연성 제한으로 책이 완전히 180도로 펼쳐지지 않을 수 있습니다.

64페이지 이하의 경우 중철제본 권장합니다.

무선제본은 현대 출판 산업에서 가장 보편적이고 경제적인 제본 방식으로, 다양한 종류의 출판물 제작에 널리 활용되고 있습니다.

# 최종선택

이러한 과정에서 최종으로 선택하는 것은 기술, 예술, 비즈니스가 융합되는 창의적 의사결정 과정입니다. 이는 단순한 제작 선택을 넘어 책의 정체성과 가치를 결정짓는 핵심 요소입니다.

### 1) 인쇄 형식 선택의 다차원적 접근
- 목적별 최적화된 인쇄 방식 선택
- 예산, 수량, 품질의 균형 고려
- 각 인쇄 방식의 기술적 특성 분석
- 환경적 영향 및 지속가능성 평가

## 2) 종이 선택의 전략적 프레임워크

- 콘텐츠 특성에 최적화된 종이 선택

- 시각적, 촉각적 사용자 경험 고려

- 원가 대비 품질 효율성 분석

- 장기 보존성 및 내구성 평가

## 3) 제본 형태 결정의 핵심 요소

- 장르 및 독자층 특성 분석

- 경제성과 브랜드 이미지의 조화

- 기능성과 미학적 가치 균형

- 유통 및 마케팅 전략과의 연계성

출판은 저자의 메시지, 독자의 기대, 시장의 요구가 만나는 복합적인 영역으로, 각 선택은 책의 성공을 좌우하는 중요한 전략적 판단입니다.

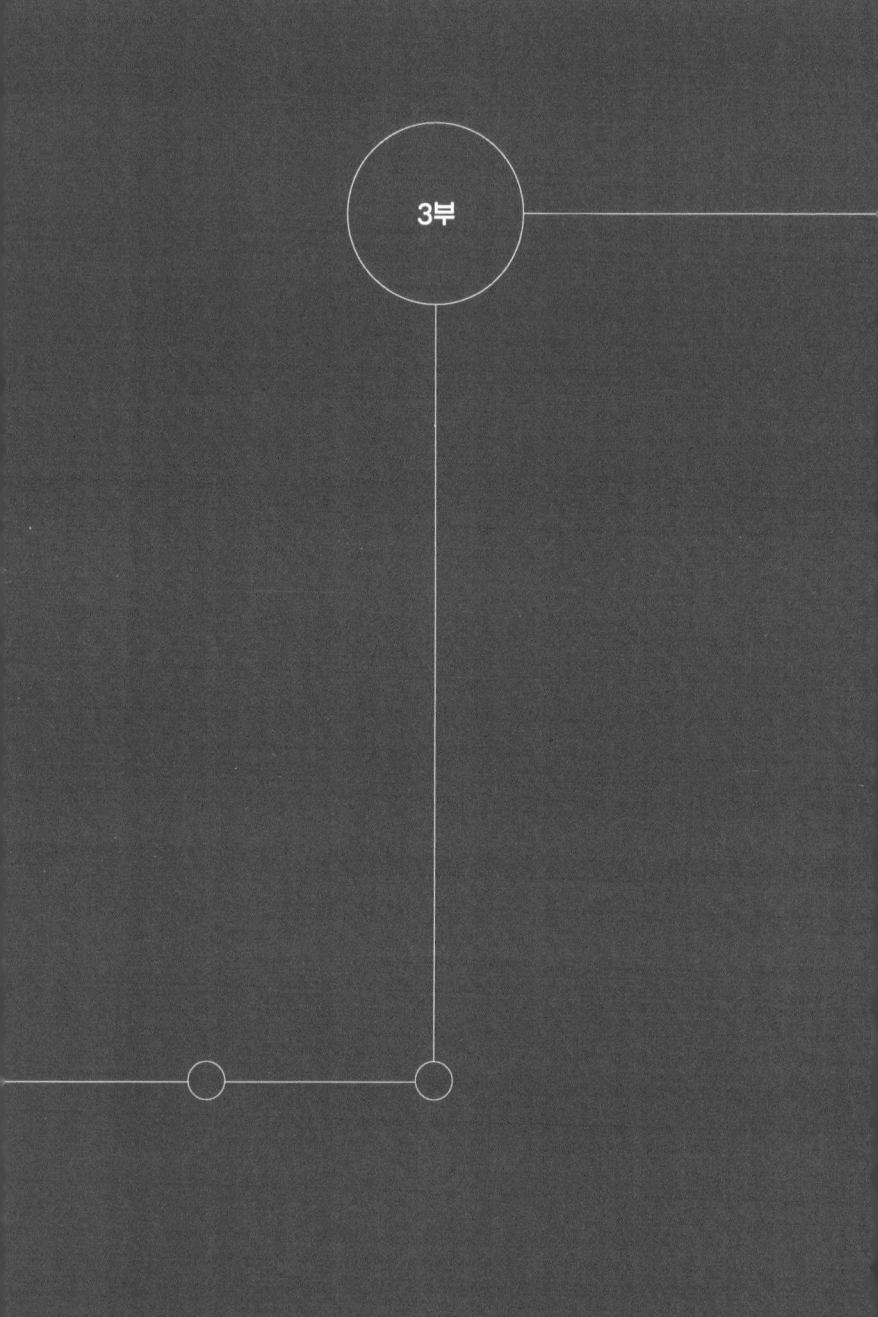

3부

## 책 마케팅

책을 만드는 과정은 저자의 창작으로 끝나지 않습니다. 오히려 책이 완성된 후에 시작되는 마케팅 과정이 책의 성공을 좌우하는 결정적인 단계라고 할 수 있습니다.

책 마케팅의 중요성:

1. 독자와의 연결고리 형성

수많은 신간 속에서 해당 도서의 존재감을 부각시키고 잠재적 독자들에게 책의 가치와 매력 전달할 수 있습니다.

2. 판매 촉진의 핵심 동력

단순한 노출을 넘어 구매 욕구를 자극해 온/오프라인 채널을 통한 전략적 판매 전략 구현할 수 있습니다.

3. 브랜드 구축의 기회

저자와 출판사의 이미지를 형성 및 강화하고 후속작에 대한 기대감을 조성할 수 있습니다.

4. 시장 피드백 수집

독자 반응을 통한 시장 트렌드를 파악하고 향후 출판 전략 수립을 위한 데이터를 확보할 수 있습니다.

5. 장기적 독자층 확보

충성 독자 확보를 통한 지속적인 판매 기반을 마련하고 구전 효과를 통한 자연스러운 홍보와 확산이 가능해집니다.

책 마케팅은 단순히 책을 알리는 것을 넘어, 책과 독자 사이의 의미 있는 만남을 주선하는 과정입니다. 이는 출판의 최종 목표인 '올바른 책이 올바른 독자를 만나는 것'을 실현하는 핵심 단계로, 책의 생명력과 영향력을 결정짓는 중요한 요소입니다.

# 예측 구축

책 마케팅에서 예측 구축은 출판사나 저자가 책의 잠재적 성과를 분석하고, 이를 토대로 효과적인 마케팅 전략을 수립하는 핵심 과정입니다. 이는 단순한 추측이 아닌, 데이터와 시장 통찰력을 바탕으로 한 체계적인 접근법입니다.

효과적인 예측 구축은 다음과 같은 이점을 제공합니다.

1. 시장 이해도 향상: 독자층의 선호도와 구매 패턴을 깊이 있게 파악할 수 있습니다.
2. 목표 설정의 정확성: 현실적이고 달성 가능한 판매 및 마케팅 목표를 수립할 수 있습니다.

3. 리소스 최적화: 예산과 인력을 효율적으로 배분하여 최대의 효과를 얻을 수 있습니다.

4. 리스크 관리: 잠재적 위험요소를 사전에 식별하고 대비할 수 있습니다.

예측 구축은 과거의 판매 데이터, 시장 트렌드, 경쟁 분석, 그리고 독자 피드백 등 다양한 요소를 종합적으로 고려하는 복합적인 과정입니다. 이를 통해 출판사와 저자는 불확실성을 줄이고, 더욱 전략적이고 데이터 기반의 의사결정을 내릴 수 있습니다.

### 1) 예측 구축의 중요성

예측 구축은 단순히 책이 얼마나 팔릴지 예측하는 것 이상의 의미를 가집니다. 이는 마케팅 전략을 설정하고, 광고 예산을 분배하며, 판매 목표를 달성하기 위한 기초 작업입니다. 예측을 통해 저자는 출판 전부터 목표를 설정하고, 판매 성과를 추적하며, 향후 전략을 개선할 수 있습니다.

## 2) 예측 구축을 위한 핵심 요소

(1) 시장 분석

시장 조사: 책이 출판될 시장을 조사하는 것이 첫 번째 단계입니다. 어떤 장르나 주제가 인기를 끌고 있는지, 경쟁 도서들은 어떤 성과를 거두었는지 파악하는 것이 중요합니다. 예를 들어, 비슷한 주제의 책이 시장에서 얼마나 팔렸는지, 최근 트렌드는 무엇인지 등을 분석합니다.

(2) 타깃 독자층 설정

책을 읽을 독자층을 정확히 정의해야 합니다. 연령대, 성별, 직업군, 관심사 등을 바탕으로 독자의 특성을 파악하고, 이를 기반으로 예측을 세웁니다. 예를 들어, 특정 연령대나 직업군에서 특정 책이 많이 팔린다면, 그 그룹을 목표로 한 마케팅 전략을 세울 수 있습니다.

(3) 과거 판매 데이터 분석

- 이전 책의 판매 성과: 과거에 출판된 유사한 책들의 판매 데이터를 분석하여 예측을 세웁니다. 같은 장르, 같은 주제, 또는 비슷한 저자의 책을 분석하는 것이 유효합니다.

- 판매 트렌드: 특정 시즌에 판매가 증가하는 경향이 있는지, 또는 특정 이벤트(예: 대형 서점의 프로모션, 온라인 리뷰, 대중적인 연예인 추천 등)와 관련된 판매 변화 등을 추적합니다.

(4) 출판 일정 및 이벤트 고려
- 출판 일정: 책이 언제 출판될지, 그 시점에 어떤 대형 출판 일정이 겹칠 것인지 분석합니다. 예를 들어, 특정 시즌(여름, 겨울 등)이나 대형 책 박람회 등과 겹칠 경우, 판매 예측에 영향을 미칠 수 있습니다.
- 프로모션 및 마케팅 캠페인: 책의 출시와 함께 진행할 마케팅 이벤트나 프로모션(온라인 광고, 북클럽 행사 등)을 고려하여 예측을 세웁니다. 대형 프로모션이나 유명 인플루언서와의 협업 등이 있을 경우, 예측된 판매 성과에 긍정적인 영향을 미칠 수 있습니다.

(5) 소셜 미디어 및 리뷰 분석
- 소셜 미디어 활동: 책의 출간 전후로 소셜 미디어에서 어떤 반응이 일어나고 있는지 파악합니다. 독자들의 관심도,

책에 대한 기대감을 반영한 트렌드를 파악하고, 그 반응에 따라 예측을 조정할 수 있습니다.
- 리뷰 및 피드백: 책이 출판된 후, 리뷰와 피드백을 분석하여 초기에 어떤 반응이 있었는지 파악합니다. 긍정적인 반응이 많다면 판매가 증가할 가능성이 크고, 부정적인 반응이 많다면 예측을 수정할 필요가 있습니다.

(6) 경쟁 분석
- 경쟁 도서 분석: 시장에서 경쟁하는 도서들과 비교하여 책의 판매 성과를 예측합니다. 경쟁 도서의 판매 성과, 마케팅 전략, 가격대, 판형 등을 분석하여, 자사의 책이 어떤 위치에서 경쟁할 수 있을지 예측합니다.

- 차별화된 요소 찾기: 경쟁 도서와 차별화되는 요소가 무엇인지 분석합니다. 예를 들어, 독특한 콘텐츠나 저자의 특수성, 책의 형식 등에서 경쟁 우위를 찾을 수 있다면, 예측을 긍정적으로 조정할 수 있습니다.

(7) 예측 구축 방법
- 수학적 모델링: 예측을 보다 과학적이고 정량적으로 접근

하기 위해 수학적 모델링을 사용할 수 있습니다. 예를 들어, 선형 회귀 분석을 통해 과거 데이터와 현재 데이터를 기반으로 책의 판매량을 예측할 수 있습니다. 이 방법은 데이터가 많고 정확한 예측을 필요로 할 때 유용합니다.

- 시나리오 분석: 여러 가지 가능성을 고려하여 다양한 시나리오를 설정하고, 각 시나리오별로 판매 예측을 세웁니다. 예를 들어, 보수적인 시나리오, 긍정적인 시나리오, 가장 이상적인 시나리오 등을 설정하여, 각각의 시나리오에 맞는 판매 전략을 마련합니다.

- AI 및 데이터 분석 도구 활용: 최근에는 인공지능(AI)과 데이터 분석 도구를 활용하여 예측을 세우는 방법도 있습니다. 판매 패턴, 독자들의 행동 분석, 시장 동향을 실시간으로 분석하는 도구들을 사용하면 더 정확한 예측이 가능할 수 있습니다.

(8) 예측을 통한 마케팅 전략 수립

- 목표 설정: 예측을 바탕으로 판매 목표를 설정합니다. 예측된 판매 수치에 맞춰 목표를 세우고, 그에 맞는 리소스를 배분합니다. 목표가 현실적이고 도전적이어야 하며, 목

표 달성을 위한 전략을 세워야 합니다.

- 프로모션 전략: 예측에 맞춰 마케팅 프로모션을 계획합니다. 예를 들어, 판매가 일정 수준에 도달할 것으로 예상된다면 대형 서점과의 협업이나 온라인 마케팅을 강화할 수 있습니다. 반대로 판매가 저조할 것으로 예상되면, 마케팅 예산을 보다 공격적으로 투입할 수 있습니다.

- 채널 전략: 예측된 판매 성과를 바탕으로 어떤 판매 채널을 우선적으로 활용할지 결정합니다. 온라인 서점, 대형 서점, 독립 서점 등에서의 판매 예상치를 바탕으로 채널별 전략을 수립합니다.

(9) 예측의 한계와 개선

- 예측의 불확실성: 책의 판매 예측은 항상 불확실성이 존재합니다. 시장의 변화, 독자들의 반응, 경쟁 상황에 따라 예측은 달라질 수 있기 때문에, 예측 결과를 무조건적으로 신뢰하기보다는 유연한 대응이 필요합니다.

- 지속적인 모니터링 및 조정: 책이 출판된 후, 실제 판매 상황을 지속적으로 모니터링하고 예측을 수정하는 과정이

필요합니다. 예측이 처음부터 정확하지 않다는 점을 감안하여, 예측을 개선하고 수정하는 과정을 반복해야 합니다.

예측 구축은 도서 마케팅에서 매우 중요한 부분으로, 성공적인 판매 전략을 세우는 데 필요한 기초 작업입니다. 시장 분석, 과거 데이터, 경쟁 상황 등을 기반으로 정확한 예측을 하고, 그에 맞는 마케팅 전략을 수립하는 것이 중요합니다. 예측은 100% 정확할 수 없지만, 이를 통해 더 효과적인 의사결정을 내리고, 책의 성공적인 출판을 이끌 수 있습니다.

# 책
# 브랜드화

출판 시장이 날로 경쟁이 치열해지는 가운데, 책의 브랜드화는 단순한 선택이 아닌 필수 전략이 되어가고 있습니다. 책의 브랜드화는 단순히 책 한 권을 판매하는 것을 넘어, 독자와의 지속적인 관계를 구축하고 작가나 출판사의 정체성을 확립하는 중요한 과정입니다.

브랜드화의 핵심은 독자의 마음을 사로잡는 것입니다. 이는 단순히 많은 사람들에게 알려지는 것이 아니라, 열정적인 팬층을 확보하는 것을 의미합니다. 한 명의 열성 팬이 백 명의 일반 독자보다 더 큰 영향력을 발휘할 수 있기 때문입니다.

책의 브랜드화는 장기적인 관점에서 접근해야 합니다. 일회성 마케팅이 아닌, 지속적이고 일관된 메시지와 가치를 전달함으로써 독자들의 기억 속에 깊이 각인되는 것이 중요합니다. 이를 통해 독자들은 단순히 책을 구매하는 것이 아니라, 그 브랜드가 전하는 가치와 경험을 함께 구매하게 됩니다.

또한, 브랜드화는 책의 내용뿐만 아니라 시각적 요소, 마케팅 전략, 저자의 이미지 등을 포괄하는 총체적인 접근이 필요합니다. 이는 출판 시장에서의 경쟁력을 높이고, 독자들에게 더 깊은 인상을 남기는 데 기여합니다.

결국, 책의 브랜드화는 출판 산업에서 생존하고 번영하기 위한 핵심 전략이며, 독자와의 강력한 유대관계를 구축하는 열쇠가 됩니다.

### 1) 책 브랜드화의 중요성

책 브랜드화는 책을 시장에서 독립적인 존재로 자리 잡게 하며, 독자에게 책의 가치와 특성을 명확히 전달합니다. 브랜드화된 책은 단기적인 판매를 넘어서, 독자와의 지속적인 관계를 형성하고, 향후 후속작이나 관련 제품에 대한 마케팅에도 긍정적인 영향을 미칠 수 있습니다.

(1) 독자 충성도 형성
책의 브랜드가 확립되면 독자는 자연스럽게 해당 저자의 다른 작품이나 관련 콘텐츠에 관심을 가지게 됩니다.

(2) 차별화
많은 도서들이 유사한 주제나 장르에서 경쟁하는 시장에서 책을 독특한 브랜드로 만들면 경쟁에서 우위를 점할 수 있습니다.

(3) 장기적인 성장
책이 브랜드화되면 한 권의 책이 아니라 저자와 출판사의 브랜드 가치까지 높아져, 지속적인 판매와 관심을 이끌어낼 수 있습니다.

## 2) 책 브랜드화의 주요 요소
책 브랜드화는 여러 가지 요소들이 결합되어 이루어집니다. 다음은 책 브랜드화의 핵심 요소들입니다.

(1) 책의 정체성 확립

책의 메시지: 책이 전달하고자 하는 핵심 메시지를 분명히 해야 합니다. 독자에게 어떤 가치를 전달하고 싶은지, 이 책이 해결하고자 하는 문제는 무엇인지 명확하게 정의하는 것이 중요합니다.

목표 독자층: 책이 누구를 대상으로 하는지 명확히 해야 합니다. 이를 통해 책의 톤, 스타일, 디자인, 마케팅 전략을 결정할 수 있습니다.

(2) 책의 디자인

표지 디자인: 책의 표지는 그 자체로 브랜드를 상징합니다. 표지는 책의 첫인상이고, 책의 내용을 반영하는 중요한 요소입니다. 독자가 책을 쉽게 기억할 수 있도록 강렬하고 독특한 디자인이 필요합니다.

내지 디자인 및 서체: 표지뿐만 아니라 내지 디자인도 책 브랜드의 일환으로 중요한 역할을 합니다. 읽기 쉬운 서체, 일관된 레이아웃, 책의 전반적인 톤과 일치하는 디자인 요소들이 필요합니다.

(3) 저자 브랜드화

저자의 개성: 저자는 책 브랜드화의 핵심 요소 중 하나입니다. 저자 자신이 브랜드가 될 수 있으며, 저자의 개인적인 이야기나 철학, 가치관 등이 독자와 연결되면서 브랜드가 형성됩니다. 저자의 SNS 활동, 인터뷰, 강연 등도 중요한 브랜드화의 과정입니다.

저자와 책의 연결: 저자의 다른 작품과의 연관성도 중요한 요소입니다. 저자가 이전에 쓴 책들이 있을 경우, 그 책들과의 연결고리를 만들고, 독자가 저자와의 관계를 더 깊이 느끼도록 해야 합니다.

(4) 소셜 미디어와 커뮤니티 구축

SNS 활용: 책 브랜드화에는 소셜 미디어가 중요한 역할을 합니다. Instagram, Facebook, Twitter 등 다양한 플랫폼을 통해 책에 대한 이야기를 확산시키고, 독자와의 직접적인 소통을 이어갈 수 있습니다.

팬 커뮤니티: 책의 팬들이 모이는 커뮤니티나 북클럽을 만들어 독자와의 관계를 더욱 강화할 수 있습니다. 독자들이 책에 대해 이야기하고, 책에 대한 피드백을 공유하도록 유도

하는 것이 중요합니다.

(5) 브랜드 스토리텔링

책의 배경 이야기: 책에 얽힌 이야기나 책이 만들어지기까지의 과정을 독자에게 전달하는 것이 중요합니다. 책이 출간되기까지의 여정, 저자가 책을 쓰게 된 동기 등은 독자에게 감동을 줄 수 있는 요소입니다.

콘텐츠 마케팅: 책과 관련된 콘텐츠를 지속적으로 생산하고 공유합니다. 예를 들어, 저자가 쓴 블로그 글, 책에 관한 팟캐스트, 인터뷰, 책의 테마와 관련된 영상 등을 활용하여 독자들과의 관계를 형성합니다.

### 3) 책 브랜드화 과정
(1) 책의 콘셉트와 메시지 정립

브랜드화는 책의 콘셉트부터 시작됩니다. 책이 무엇을 이야기하고자 하는지, 어떤 문제를 해결하는지, 독자에게 어떤 경험을 제공할지 등을 명확히 정의합니다. 예를 들어, "이 책은 정신 건강을 다루고 있으며, 독자에게 실질적인 도움이 될 수 있는 내용을 담고 있다"라는 메시지를 확립하는 것입니다.

(2) 시장과 경쟁 분석

책 브랜드화를 위해서는 시장을 잘 분석해야 합니다. 비슷한 장르나 주제의 책들을 살펴보고, 어떤 책이 인기를 끌었는지, 어떤 방식으로 마케팅되었는지 분석합니다. 이를 통해 책의 차별화 포인트를 도출해내고, 어떻게 독자와 연결될 수 있을지 구체적인 전략을 세웁니다.

(3) 일관된 마케팅 전략 수립

브랜드화는 일관성이 있어야 합니다. 책의 메시지와 디자인, 저자의 이미지, 마케팅 활동 등이 모두 일관되게 이어져야 독자에게 강한 인상을 줄 수 있습니다. 다양한 마케팅 채널에서 통일된 메시지를 전달하는 것이 중요합니다.

(4) 출판 후 지속적인 관리

책이 출판된 후에도 브랜드 관리는 계속해서 이루어져야 합니다. 독자들의 리뷰와 피드백을 모니터링하고, 이를 바탕으로 마케팅 전략을 조정하며, 지속적으로 책의 존재감을 알리는 활동을 합니다.

### 4) 책 브랜드화의 성공적인 사례

(1) 해리 포터 시리즈

J.K. 롤링의 해리 포터 시리즈는 뛰어난 책 브랜드화의 사례입니다. 저자와 책, 영화, 게임, 테마파크까지 연결된 강력한 브랜드를 형성했습니다. 책이 단순한 출판물이 아니라, 하나의 문화 아이콘으로 자리 잡았기 때문입니다.

(2) 아이폰(Apple) 스타일의 책 브랜드화

아이폰과 같은 브랜드처럼, 책 브랜드화는 독특한 디자인, 고유의 정체성, 그리고 독자와의 지속적인 관계 형성을 통해 성공할 수 있습니다. 독자가 그 책을 단순히 읽는 것이 아니라, 브랜드의 일원이 되어 관계를 지속하고 싶은 욕구를 느끼게 해야 합니다.

### 5) 책 브랜드화의 도전과 극복 방법

(1) 비용 문제

책 브랜드화를 위해서는 초기 마케팅 비용이 많이 들 수 있습니다. 하지만, 장기적으로 책의 인지도를 높이고, 충성도 높은 독자를 확보할 수 있다는 점에서, 초기 비용은 중요한 투자로 볼 수 있습니다.

(2) 소셜 미디어의 변화

소셜 미디어 플랫폼은 빠르게 변합니다. 따라서, 책 브랜드화 활동도 지속적으로 트렌드에 맞게 조정해야 합니다. 이를 위해 꾸준히 독자와의 소통을 유지하고, 변화를 민감하게 반영하는 전략이 필요합니다.

책 브랜드화는 책을 성공적으로 시장에 자리잡게 하는 중요한 전략입니다. 책이 단순한 상품을 넘어 하나의 브랜드로 자리잡을 수 있도록, 저자와 책의 메시지, 디자인, 마케팅 전략 등이 유기적으로 결합되어야 합니다. 책 브랜드화는 단기적인 성과를 넘어서, 독자와의 지속적인 관계를 구축하고, 장기적인 성공을 이끌어낼 수 있는 중요한 과정입니다.

# 독자들과의 소통

출판의 세계에서 독자와의 소통은 단순한 마케팅 전략을 넘어 책의 생명력을 결정짓는 핵심 요소로 자리잡고 있습니다. 디지털 시대의 도래와 함께, 독자와의 직접적인 소통은 더 이상 선택이 아닌 필수가 되었습니다.

독자와의 소통은 다음과 같은 이유로 중요합니다.

1. 즉각적인 피드백: 독자들의 반응을 실시간으로 파악하여 책의 내용이나 마케팅 전략을 신속하게 조정할 수 있습니다.

2. 충성 독자층 형성: 지속적인 소통을 통해 단순한 구매자

가 아닌 열정적인 팬으로 독자를 발전시킬 수 있습니다.

3. 콘텐츠 개선: 독자들의 의견을 반영하여 책의 품질을 지속적으로 향상시킬 수 있습니다.

4. 마케팅 효과 극대화: 독자들과의 직접 소통을 통해 입소문 마케팅 효과를 얻을 수 있습니다.

5. 저자 브랜딩: 독자와의 소통은 저자의 이미지를 구축하고 강화하는 데 도움이 됩니다.

현대의 출판 환경에서 독자와의 소통은 책의 성공을 좌우하는 중요한 요소입니다. 이는 단순히 책을 판매하는 것을 넘어, 독자와 함께 성장하고 발전하는 새로운 출판 패러다임을 만들어가는 핵심 전략입니다.

**1) 독자와의 소통의 중요성**

독자와의 소통은 단순히 책을 팔기 위한 활동이 아니라, 독자와 감정적으로 연결되어 책에 대한 충성도와 신뢰를 쌓는 과정입니다. 독자와의 깊은 소통은 책의 판매를 넘어서, 독자와의 관계를 장기적으로 형성하고, 이후 작품에 대한 기대감을 증대시킬 수 있습니다.

(1) 충성도 강화

독자와의 지속적인 소통은 독자가 앞으로도 해당 저자의 책을 구매하고 지지하게 만듭니다.

(2) 피드백 반영

독자의 의견을 수렴하여 책의 내용이나 마케팅 전략을 개선할 수 있습니다.

(3) 추천과 입소문

독자가 책에 대해 긍정적인 경험을 하게 되면, 자연스럽게 주변 사람들에게 책을 추천하게 되어 책의 판매가 증가할 수 있습니다.

## 2) 독자와의 소통을 위한 주요 전략

(1) 소셜 미디어 활용

플랫폼 선택: 독자와의 소통을 위해 가장 중요한 도구 중 하나는 소셜 미디어입니다. Instagram, Twitter, Facebook, TikTok 등 다양한 소셜 미디어 플랫폼을 활용하여 독자와 직접 소통할 수 있습니다.

콘텐츠 공유: 책과 관련된 콘텐츠를 지속적으로 공유합니다. 예를 들어, 책의 발췌 부분, 저자 인터뷰, 독자 리뷰 등을 공유하여 독자와의 연결을 강화할 수 있습니다.

실시간 소통: 독자들의 질문에 실시간으로 응답하거나, Q&A 세션을 열어 독자와의 교감을 강화할 수 있습니다.

(2) 이메일 뉴스레터

정기적인 업데이트: 이메일 뉴스레터를 통해 독자들에게 책의 최신 소식, 저자의 새로운 작업, 이벤트 소식 등을 정기적으로 전달합니다.

개인화된 콘텐츠: 이메일을 통해 독자들에게 맞춤형 정보를 제공하면 더 강한 관계를 형성할 수 있습니다. 예를 들어, 독자가 과거에 구매한 책과 관련된 후속작이나 추천 도서를 보내는 것입니다.

피드백 요청: 이메일을 통해 독자들의 의견을 물어보거나, 설문조사를 통해 독자들의 취향이나 요구를 파악할 수 있습니다.

(3) 블로그 및 웹사이트 활용

심층 콘텐츠 제공: 책과 관련된 심층적인 콘텐츠를 블로그나 웹사이트에 게시하여 독자들에게 유용한 정보를 제공하고, 독자와의 소통을 이어갈 수 있습니다.

독자 참여 유도: 블로그나 웹사이트에 댓글을 달거나, 독자들의 의견을 수렴할 수 있는 공간을 마련하여 소통을 유도합니다.

저자와의 인터뷰 및 이야기: 저자가 직접 작성한 글이나 인터뷰를 통해 독자에게 친근하게 다가가고, 책에 대한 더 많은 배경 정보를 제공할 수 있습니다.

(4) 독자 이벤트 및 온라인 커뮤니티

북클럽 운영: 책과 관련된 북클럽을 운영하여 독자들 간의 소통을 촉진하고, 책에 대한 의견을 나누게 할 수 있습니다. 이를 통해 독자들이 책에 대해 더 깊이 생각하게 만들고, 더 넓은 독자층을 형성할 수 있습니다.

온라인 이벤트: 독자들과의 소통을 위해 온라인 이벤트를 개최합니다. 예를 들어, 저자와의 라이브 방송, 독자들과의

온라인 대화, 독자 참여형 콘테스트 등을 통해 독자들의 참여를 유도할 수 있습니다.

(5) 독자 리뷰와 피드백

리뷰 요청: 책이 출판된 후, 독자들에게 리뷰를 요청하여 그들의 경험을 공유하게 합니다. 독자의 리뷰는 마케팅에 매우 중요한 역할을 하며, 다른 독자들에게 책을 소개하는 데 큰 도움이 됩니다.

피드백 반영: 독자의 피드백을 듣고 이를 반영하여 책의 내용을 보완하거나, 후속작을 준비할 때 참고할 수 있습니다. 독자들은 자신이 직접 영향력을 미친다고 느낄 때 더욱 브랜드에 충성하게 됩니다.

### 3) 독자와의 소통에서 중요한 점

(1) 진정성

독자와의 소통에서 가장 중요한 것은 진정성입니다. 독자들은 진지하고 진실된 태도를 가진 저자나 출판사와 소통하기를 원합니다. 마케팅 활동이 지나치게 상업적이거나, 진정성이 결여된 경우 독자들은 이를 금방 인지하고 관심을 잃을 수 있습니다.

(2) 일관성

독자와의 소통은 일관되어야 합니다. 책의 메시지, 저자의 이미지, 마케팅 전략 등이 일관성 있게 전달되어야 독자들이 혼란을 겪지 않습니다. 소셜 미디어나 이메일 뉴스레터에서도 일관된 메시지를 전달하는 것이 중요합니다.

(3) 적극적인 참여

독자와의 소통은 일방적인 정보 전달이 아니라, 적극적인 참여가 필요합니다. 독자들의 의견에 귀 기울이고, 그들과의 대화를 이어가며, 그들의 경험을 존중하는 태도를 보이는 것이 중요합니다.

(4) 적절한 타이밍

독자와의 소통은 타이밍이 중요합니다. 책 출판 전후에 적절한 타이밍에 독자들과 소통하여 관심을 끌어야 합니다. 예를 들어, 책이 출판될 때 미리 알림을 주거나, 특정 시즌에 맞춰 마케팅을 강화하는 방식입니다.

## 4) 독자와의 소통을 통한 효과적인 마케팅

(1) 구체적인 독자 목표 설정

독자와의 소통을 통해 얻고자 하는 목표를 설정합니다. 예를 들어, 독자들의 리뷰 수를 늘리거나, 이메일 구독자를 증가시키는 등의 구체적인 목표를 설정하고 이를 바탕으로 마케팅 전략을 수립합니다.

(2) 소셜 미디어 분석

소셜 미디어에서 독자들과의 소통 데이터를 분석하여, 독자들의 반응을 이해하고, 그에 맞는 후속 전략을 세웁니다. 예를 들어, 어떤 콘텐츠가 가장 많은 반응을 얻었는지, 어떤 시점에 독자들이 가장 활발히 참여했는지 등을 분석하여 향후 마케팅 활동에 반영합니다.

(3) 독자 만족도 조사

독자들과의 소통을 통해 그들의 만족도를 조사하고, 이를 바탕으로 향후 작업에 반영합니다. 독자의 의견을 반영하면 독자들이 책을 더 잘 이해하고, 더 큰 만족을 느끼게 할 수 있습니다.

(4) 결론

독자와의 소통은 도서 마케팅에서 중요한 역할을 합니다. 소셜 미디어, 이메일 뉴스레터, 블로그, 온라인 커뮤니티 등을 활용하여 독자들과 지속적으로 소통하고, 그들의 피드백을 반영함으로써 독자와의 신뢰 관계를 쌓아가는 것이 필수적입니다. 독자와의 소통은 책의 성공적인 출판을 넘어서, 장기적인 독자 충성도 형성에 기여하며, 저자와 책의 브랜드 가치를 높이는 데 중요한 역할을 합니다.

# 4부

## 책 배포

# 유통채널

출판의 세계에서 도서 유통 채널을 통한 배포는 단순히 책을 독자에게 전달하는 과정을 넘어, 책의 성공과 생명력을 좌우하는 결정적인 요소입니다. 디지털 시대의 도래와 함께, 도서 유통의 패러다임이 급격히 변화하고 있어 이에 대한 전략적 접근이 더욱 중요해지고 있습니다.

도서 유통 채널을 통한 배포가 중요한 이유는 다음과 같습니다.

1. 독자 접근성 확대: 다양한 유통 채널을 통해 더 많은 잠재적 독자들에게 책을 노출시킬 수 있습니다.

2. 판매 기회 극대화: 서점뿐만 아니라 온라인 플랫폼, 특수 유통 채널 등을 활용하여 판매 기회를 다각화할 수 있습니다.

3. 시장 트렌드 대응: 변화하는 독자들의 구매 패턴과 선호도에 맞춰 유연하게 대응할 수 있습니다.

4. 브랜드 인지도 제고: 다양한 채널에서의 노출은 책과 출판사의 브랜드 가치를 높이는 데 기여합니다.

5. 데이터 기반 의사결정: 각 유통 채널의 판매 데이터를 분석하여 더 효과적인 마케팅 전략을 수립할 수 있습니다.

현대의 출판 환경에서 도서 유통 채널의 다변화는 필수적입니다. 전통적인 서점 유통에만 의존하는 것이 아니라, 온라인 플랫폼, 구독 서비스, 심지어 가격파괴 매장까지 고려해야 합니다. 이는 단순히 책을 판매하는 것을 넘어, 변화하는 독자들의 요구에 부응하고 새로운 독자층을 개척하는 전략적 접근입니다.

결국, 효과적인 도서 유통 전략은 책의 생명력을 연장하고, 출판사의 경쟁력을 높이는 핵심 요소가 됩니다. 이는 출판 산업의 지속가능한 성장을 위한 필수적인 과제이며, 앞으로도 계속해서 진화하고 혁신해야 할 영역입니다.

### 1) 오프라인 서점
오프라인 서점은 전통적인 도서 유통의 핵심 채널입니다. 국내외 대형 서점부터 독립 서점까지 다양한 형태의 오프라인 서점이 책을 판매합니다.

(1) 대형 서점

교보문고, 영풍문고, 리브로와 같은 대형 서점은 도서 판매의 주요 채널입니다. 대형 서점은 책의 물리적인 공간과 직접적인 독자 접점을 제공하므로, 독자들이 책을 쉽게 접할 수 있는 장점이 있습니다.

오프라인 서점에서의 중요한 요소는 책의 진열 방식입니다. 잘 보이는 곳에 배치되면 독자들의 눈에 띄게 되고, 이는 판매에 직접적인 영향을 미칩니다.

(2) 독립 서점

작은 독립 서점들은 지역 사회와 밀접한 관계를 맺고 있으며, 독특한 콘셉트의 도서를 취급하는 경우가 많습니다. 저자와의 친밀한 관계나 특정 주제에 집중한 도서를 제공하는 등의 차별화된 전략을 통해 독자층을 형성할 수 있습니다.

### 2) 온라인 서점

온라인 서점은 최근 들어 빠르게 성장한 도서 유통 채널로, 물리적인 제약이 없어 전국 어디서든 책을 구매할 수 있다는 장점이 있습니다.

(1) 국내 온라인 서점

예스24, 알라딘, 인터파크와 쿠팡 같은 국내 온라인 서점은 방대한 책의 종류를 보유하고 있어, 독자들이 쉽게 책을 찾고 구입할 수 있는 채널입니다. 또한, 리뷰 시스템과 사용자 맞춤형 추천 기능을 통해 독자들에게 더 많은 책을 제안할 수 있습니다.

(2) 국제 온라인 서점

아마존(Amazon)과 같은 해외 온라인 서점은 전 세계에서 책을 구매할 수 있는 장점이 있습니다. 특히, 영어로 출판된 책이나 해외 독자층을 겨냥한 도서에 효과적인 유통 경로입니다.

(3) 전자책 플랫폼

전자책을 출판한 경우, 온라인 서점은 전자책 유통을 위한 중요한 채널입니다. 예스24, 알라딘, 교보문고 등에서 전자책 판매가 이루어지며, 아마존 킨들(Kindle)과 같은 글로벌 전자책 플랫폼도 중요한 채널입니다.

### 3) 도서관

도서관은 도서를 대여하고 제공하는 공공 기관으로, 많은 독자들에게 접근할 수 있는 유통채널입니다.

(1) 공공 도서관

국내 여러 공공 도서관들은 최신 도서를 구매하여 독자들에게 대여해 줍니다. 도서관에 책이 입고되면, 해당 책을 읽을 수 있는 독자들이 늘어나게 되며, 책에 대한 자연스러운 홍보 효과를 얻을 수 있습니다.

(2) 대학 도서관

대학 도서관은 학문적인 목적을 가진 독자들에게 중요한 유통 경로입니다. 연구서나 전문 서적이 많기 때문에, 해당 분야의 독자들에게 도달하는 데 유리한 채널입니다.

(3) 도서관 배급 시스템

도서관에 책을 공급하는 배급 시스템은 출판사를 통해 이루어집니다. 이를 통해 출판사는 책을 대여용으로 도서관에 제공하여 독자와의 접점을 확장할 수 있습니다.

### 4) 전자책 및 오디오북

디지털 콘텐츠의 수요가 증가하면서 전자책과 오디오북은 중요한 유통 채널로 자리잡았습니다. 디지털 채널을 통해 책을 배포하면 글로벌 독자에게도 쉽게 접근할 수 있습니다.

(1) 전자책 플랫폼

전자책은 전통적인 책과 달리, 별도의 물리적 공간이 필요없기 때문에 배급에 유리합니다. 예스24, 알라딘, 아마존 킨들, 구글 플레이 북스와 같은 플랫폼에서 전자책을 판매할 수 있습니다.

(2) 오디오북 플랫폼

오디오북은 청각적 접근을 통해 독자들에게 도서를 제공하는 채널입니다. Audible, 리디북스 오디오북 등 다양한 플랫폼에서 오디오북을 유통할 수 있습니다. 특히, 출퇴근이나 운동 중에 책을 듣는 소비자에게 적합한 채널입니다.

**5) 직접 유통**

직접 유통은 출판사가 책을 중개 없이 독자에게 직접 판매하는 방식입니다. 이 방식은 수익률이 높고, 독자와의 관계를 더욱 강화할 수 있는 장점이 있습니다.

(1) 출판사의 웹사이트

출판사는 자신의 웹사이트나 쇼핑몰을 통해 독자들에게 책을 직접 판매할 수 있습니다. 이 경우, 책의 가격을 직접 설정할 수 있으며, 중간 유통 과정을 거치지 않아 수익률이 높습니다.

(2) 저자 직접 판매

저자가 자신의 책을 독자에게 직접 판매하는 방법도 있습니다. 저자는 독자들과의 직접적인 관계를 형성하고, 사인회를 개최하거나, 자신의 웹사이트와 소셜 미디어를 통해 책을 홍보하고 판매할 수 있습니다.

## 6) 이벤트 및 홍보 채널

책의 홍보와 유통을 위한 이벤트와 채널은 독자에게 직접 다가갈 수 있는 기회를 제공합니다. 이벤트를 통해 독자들에게 책을 소개하고, 구매를 유도할 수 있습니다.

(1) 책 출판 기념 행사

책의 출판을 기념하는 행사나 사인회를 개최하여 독자들과 직접 소통할 수 있습니다. 이벤트에서 책을 판매하고, 독자들과의 관계를 형성할 수 있는 기회를 제공합니다.

(2) 온라인 이벤트

책의 출판을 알리기 위해 온라인 상에서 웨비나, 라이브 방송, Q&A 세션 등을 진행할 수 있습니다. 이를 통해 독자들의 관심을 끌고 책을 직접 판매할 수 있습니다.

도서 유통채널은 책을 독자에게 전달하는 중요한 경로로, 다양한 채널을 적절히 활용하는 것이 성공적인 도서 배포의 열쇠입니다. 오프라인 서점, 온라인 서점, 도서관, 전자책, 오디오북, 직접 유통 등 여러 채널을 통합하여 책을 더 많은 독자에게 전달할 수 있습니다. 각 채널의 특성과 독자층에 맞는 전략을 세워, 책의 판매를 극대화하고 독자와의 지속적인 관계를 구축하는 것이 중요합니다.

# 디지털 플랫폼 탐색

디지털 시대의 도래와 함께, 도서 배포 과정에서 디지털 플랫폼의 역할이 날로 중요해지고 있습니다.

이는 단순히 기술의 변화를 넘어, 출판 산업의 패러다임 자체를 바꾸고 있습니다.

디지털 플랫폼 탐색이 중요한 이유는 다음과 같습니다.

1. 독자 접근성 확대: 전 세계 독자들에게 즉각적으로 콘텐츠를 제공할 수 있습니다.

2. 비용 효율성: 인쇄 및 물리적 배송 비용을 절감할 수 있

어 더 경제적입니다.

3. 다양한 포맷 지원: 전자책, 오디오북 등 다양한 형태로 콘텐츠를 제공할 수 있습니다.

4. 데이터 기반 의사결정: 독자들의 선호도와 구매 패턴을 실시간으로 분석할 수 있습니다.

5. 유연한 가격 정책: 시장 상황에 따라 신속하게 가격을 조정할 수 있습니다.

6. 저작권 보호: 디지털 권리 관리(DRM) 기술을 통해 불법 복제를 방지할 수 있습니다.

7. 새로운 수익 모델: 구독 서비스, 광고 수익 등 다양한 수익 창출 방식을 탐색할 수 있습니다.

디지털 플랫폼은 출판사와 저자들에게 새로운 기회의 장을 열어주고 있습니다. 이는 단순히 책을 판매하는 것을 넘어, 독자와의 직접적인 소통, 콘텐츠의 다각화, 그리고 글로벌 시장 진출의 기회를 제공합니다. 따라서 현대 출판 산업에서 디지털 플랫폼에 대한 이해와 활용은 선택이 아닌 필수가 되어가고 있습니다.

## 1) 전자책 플랫폼

전자책 플랫폼은 현대 출판 산업의 핵심 유통 채널로 자리 잡았습니다. 이들 플랫폼은 종이책의 한계를 넘어 더 넓은 독자층에게 빠르고 효율적으로 콘텐츠를 전달하는 혁신적인 방식을 제공합니다.

(1) 주요 전자책 플랫폼

- 아마존 킨들 (Amazon Kindle)

  세계 최대 규모의 전자책 마켓플레이스

  Kindle Direct Publishing (KDP)를 통한 직접 출판 지원

  실시간 판매 데이터 제공으로 저자의 마케팅 전략 수립 용이

  2023년 기준 글로벌 전자책 시장의 약 68%를 차지

- 리디북스 (RidiBooks)

  한국 최대 전자책 플랫폼 중 하나

  웹툰, 웹소설 등 다양한 디지털 콘텐츠 제공

  '리디스토리' 시스템을 통한 유연한 가격 정책 및 프로모션 지원

- 교보문고 eBook

  국내 대형 서점의 신뢰성을 바탕으로 한 전자책 플랫폼

온/오프라인 연계 마케팅 가능

독자 리뷰 시스템을 통한 도서 평가 및 추천 기능

- 구글 플레이 북스 (Google Play Books)

  안드로이드 생태계와의 연계로 광범위한 사용자 접근성

  다국어 지원으로 글로벌 시장 진출에 유리

  2023년 기준 전 세계 전자책 시장의 약 7%를 점유

- Apple Books

  iOS 기기 사용자를 타깃으로 한 전문화된 플랫폼

  고품질 디자인과 사용자 경험 제공

  2023년 기준 글로벌 전자책 시장의 약 10%를 차지

(2) 주목할 만한 트렌드

구독 모델의 성장: '밀리의 서재'와 같은 플랫폼이 월정액 무제한 구독 서비스를 통해 전자책 시장의 패러다임을 변화시키고 있습니다. 2024년 3분기 기준 밀리의 서재 실 구독자 수는 90만 명에 이릅니다.

AI 기술의 도입: 전자책 플랫폼들은 AI를 활용한 개인화된 추천 시스템과 새로운 독서 경험을 제공하기 위해 노력하고

있습니다.

멀티미디어 콘텐츠 통합: 전자책에 오디오, 비디오 등을 결합한 새로운 형태의 콘텐츠가 등장하고 있습니다.

전자책 플랫폼은 단순한 배포 채널을 넘어 독자와 저자를 연결하는 생태계로 진화하고 있습니다. 이러한 플랫폼들을 효과적으로 활용하는 것이 현대 출판의 핵심 전략이 되고 있습니다.

### 2) 오디오북 플랫폼

오디오북은 현대 독자들의 바쁜 일상에 맞춰 급부상하고 있는 콘텐츠 형식입니다. 이동 중이나 다른 활동을 하면서도 책을 '듣는' 경험을 제공함으로써, 독서의 새로운 지평을 열고 있습니다.

(1) 주요 오디오북 플랫폼
- 밀리의 서재 (www.millie.co.kr)
  - 국내 최대 규모의 독서 플랫폼으로, 약 19만 권의 콘텐츠 보유

- 오디오북, 오디오 드라마, 전자책, 챗북 등 다양한 형태의 콘텐츠 제공
- AI 낭독과 요약형 오디오북 서비스로 차별화
- '내가 만든 오디오북' 기능을 통해 사용자 참여형 콘텐츠 생산 지원

- 윌라 (www.welaaa.com)
  - '전 작품 전문 성우 완독'을 특징으로 하는 고품질 오디오북 플랫폼
  - 2만여 개의 오디오북 콘텐츠 제공
  - 북토크, 교양 명강, 비즈니스 강의 등 다양한 오디오 콘텐츠 포함

- 스토리텔 (www.storytel.com)
  - 스웨덴 기반의 글로벌 오디오북 플랫폼
  - 『해리 포터』 시리즈 독점 공개로 주목받음
  - 한국어와 영어 오디오북 총 5만여 권 서비스
  - 아동 도서 및 해외 원서 다수 보유

- 오디블 (www.audible.com)
  - 아마존 소유의 세계 최대 오디오북 플랫폼
  - 영어권 시장에서 강력한 입지 확보

- 월정액 구독 모델로 안정적인 수익 구조 확립

- 네이버 오디오클립 (https://audioclip.naver.com)
  - 네이버의 거대한 사용자 기반을 활용한 오디오 콘텐츠 플랫폼
  - 오디오북 외에도 다양한 오디오 콘텐츠 제공

(2) 주목할 만한 트렌드

전자책과 오디오북의 결합: 밀리의 서재와 같은 플랫폼에서는 전자책과 오디오북을 동시에 즐길 수 있는 서비스 제공

AI 기술의 활용: 밀리의 서재의 경우 종이책과 전자책, 오디오 북, 차량 등 독서를 할 수 있는 다양한 방식을 연결해 자유로운 독서를 경험할 수 있도록 제공

구독 모델의 확산: 대부분의 플랫폼이 월정액 구독 서비스를 채택, 사용자의 접근성 향상

오디오북 시장은 2025년 현재 급속히 성장하고 있으며, 다양한 플랫폼들이 경쟁하며 서비스의 질을 높이고 있습니다. 출판사와 저자들은 이러한 다양한 플랫폼을 활용하여 더 넓은 독자층에게 다가갈 수 있는 기회를 얻고 있습니다.

### 3) 전자책과 오디오북의 결합

현대 독자들의 다양한 니즈를 충족시키기 위해, 일부 플랫폼들은 전자책과 오디오북을 융합한 혁신적인 서비스를 제공하고 있습니다. 이러한 통합 서비스는 독자들에게 유연하고 풍부한 독서 경험을 선사합니다.

- 스토리텔 (Storytel): 북유럽 오디오북 시장의 선두주자

  스토리텔은 전자책과 오디오북을 결합한 선구적인 플랫폼으로, 월정액 구독 모델을 통해 사용자들에게 다양한 콘텐츠를 제공합니다. 이 플랫폼의 주요 특징은 다음과 같습니다.

- 광범위한 콘텐츠 라이브러리: 전 세계 150만 개 이상의 타이틀을 제공 하고 있어, 다양한 장르와 언어의 책을 즐길 수 있습니다.

  - 멀티플랫폼 지원: PC와 모바일 기기에서 모두 이용 가능하여, 사용자의 편의성을 극대화합니다.

  - 글로벌 서비스: 25개국에 진출하여 20개 이상의 언어로 서비스를 제공하고 있어, 국제적인 독자층을 확보하고 있습니다.

- 유연한 독서 경험: 사용자는 같은 책을 전자책으로 읽다가 오디오북으로 전환하여 들을 수 있어, 상황에 따라 최적의 독서 방식을 선택할 수 있습니다.

- 개인화된 추천 시스템: 사용자의 독서 패턴과 선호도를 분석하여 맞춤형 콘텐츠를 추천합니다.

이러한 통합 서비스는 독자들에게 다음과 같은 이점을 제공합니다.

- 멀티태스킹 가능: 오디오북 기능을 통해 다른 활동을 하면서도 책을 읽을 수 있습니다.

- 언어 학습 지원: 전자책과 오디오북을 동시에 이용하여 외국어 학습에 활용할 수 있습니다.

- 접근성 향상: 시각 장애인이나 독서에 어려움을 겪는 사람들도 쉽게 책을 즐길 수 있습니다.

전자책과 오디오북의 결합은 독서의 미래를 보여주는 혁신적인 접근 방식으로, 독자들에게 더욱 풍부하고 유연한 독서 경험을 제공하고 있습니다.

디지털 플랫폼을 통해 책을 배포하면 전 세계 독자에게 빠르고 쉽게 도달할 수 있습니다. 전자책과 오디오북은 특히 바쁜 현대 사회에서 독자들에게 인기 있는 형식이며, 각 플랫폼의 특성에 맞는 유통 전략을 세워 책의 성공적인 배포를 이끌어낼 수 있습니다. 각 플랫폼을 탐색하고, 그에 맞는 최적화된 전략을 통해 책을 효과적으로 마케팅하고 판매할 수 있습니다.

# 국제 시장

국제 시장으로의 책 배포는 출판사나 저자가 글로벌 독자들에게 도달할 수 있는 중요한 기회를 제공합니다. 각국의 문화, 언어, 유통 환경에 따라 전략적인 접근이 필요하며, 이를 통해 더 많은 독자층을 형성하고 책의 판매를 증대시킬 수 있습니다. 이번에는 국제 시장에 책을 배포하기 위한 주요 전략과 유통 채널을 살펴보겠습니다.

### 1) 글로벌 출판 시장의 이해

국제 시장으로의 도서 배포를 고려할 때, 먼저 각국의 출판 시장에 대한 이해가 중요합니다. 각 시장의 특징을 파악하고, 그에 맞는 전략을 수립하는 것이 성공적인 배포의 열쇠입니다.

(1) 영어권 시장

영어권 시장은 세계에서 가장 큰 도서 시장을 형성하고 있으며, 특히 미국, 영국, 캐나다, 호주 등에서는 영어로 출판된 도서의 수요가 매우 높습니다. 아마존과 같은 글로벌 전자책 플랫폼을 통해 영어권 독자에게 쉽게 접근할 수 있습니다.

(2) 아시아 시장

한국을 포함한 중국, 일본, 인도 등 아시아 국가들은 각각 고유한 출판 시장과 독자층을 형성하고 있습니다. 아시아 시장에서 성공적으로 도서를 배포하기 위해서는 해당 국가의 언어와 문화에 맞춘 책의 변형, 번역, 마케팅이 필요합니다.

(3) 유럽 시장

유럽은 다양한 언어와 문화적 배경을 가진 국가들로 구성되어 있습니다. 독일, 프랑스, 이탈리아 등 주요 유럽 국가들은 각각 독립적인 출판 시장을 가지고 있으며, 이를 위한 맞춤형 배급 전략이 필요합니다.

## 2) 현지화 전략

국제 시장에 도서를 배포할 때, 각국의 문화적 특성과 언어를 고려한 현지화 전략은 책의 성공을 좌우하는 핵심 요소입니다. 현지화는 단순한 언어 전환을 넘어 독자의 문화적 맥락에 맞춰 책의 내용과 형식을 전면적으로 재구성하는 복잡한 과정입니다.

(1) 번역

전문 번역가와의 협력은 국제 시장 진출의 첫걸음입니다. 단순한 언어 전환을 넘어 원작의 뉘앙스와 감성을 정확히 전달하는 것이 중요합니다. 예를 들어, 한국의 '정(情)' 문화를 영어권 독자에게 전달할 때는 단순 번역이 아닌 문화적 맥락을 고려한 설명이 필요할 수 있습니다.

(2) 문화적 적합성

각국 독자들의 문화적 배경과 가치관을 고려한 내용 조정이 필요합니다. 예를 들어, 미국에서 인기 있는 자기계발서를 한국 시장에 출시할 때는 개인주의적 성공 스토리보다 공동체 안에서의 조화로운 성장을 강조하는 방향으로 내용을 수정할 수 있습니다.

(3) 표지 디자인

표지 디자인은 책의 첫인상을 좌우하는 중요한 요소입니다. 연구에 따르면, 표지의 배경 그림과 띠지 정보의 역할이 문화적 특성에 따라 다르게 나타나며, 이는 책 구매 의도에 직접적인 영향을 미칩니다. 따라서 각국의 문화적 선호도를 반영한 표지 디자인 전략이 필요합니다.

(4) 마케팅 전략의 현지화

효과적인 마케팅을 위해서는 현지 시장의 특성을 고려한 전략 수립이 필수적입니다. 예를 들어, 한국에서는 지하철 광고가 효과적일 수 있지만, 다른 국가에서는 소셜 미디어 마케팅이 더 효과적일 수 있습니다. 현지 독자들의 독서 습관과 미디어 소비 패턴을 분석하여 최적화된 마케팅 전략을 수립해야 합니다.

이러한 현지화 전략을 통해 책은 단순한 정보 전달 매체를 넘어 문화적 교류의 매개체로 기능할 수 있습니다. 철저한 시장 조사와 현지 전문가와의 협업을 통해 각국 독자들의 마음을 사로잡는 글로벌 베스트셀러로 거듭날 수 있을 것입니다.

### 3) 국제 마케팅 전략

국제 시장에 책을 배포한 후, 효과적인 마케팅 활동을 통해 다양한 국가의 독자들에게 도달하는 것이 성공의 핵심입니다. 다음은 글로벌 시장에서 책을 홍보하기 위한 주요 전략들입니다:

(1) 소셜 미디어 마케팅의 최적화

글로벌 소셜 미디어 플랫폼을 활용한 마케팅은 필수적입니다. 특히, 트위터가 책 홍보에 매우 효과적인 것으로 나타났습니다. 한 연구에 따르면, 트위터가 페이스북보다 약 2배가량 도서 홍보 지수가 높았다고 합니다. 각 플랫폼의 특성을 고려한 전략적 접근이 중요합니다.

- 트위터: 간결하고 임팩트 있는 메시지로 빠른 정보 전달

- 인스타그램: 시각적으로 매력적인 책 표지나 인용구 이미지 공유

- 유튜브: 저자 인터뷰나 책 리뷰 영상을 통한 깊이 있는 콘텐츠 제공

(2) 리뷰와 추천 시스템의 전략적 활용

온라인 서점과 독서 플랫폼에서의 리뷰는 책의 성공에 큰 영향을 미칩니다. 다음과 같은 전략을 고려해 볼 수 있습니다.

- 초기 리뷰어 프로그램: 신뢰할 수 있는 독자나 북블로거에게 미리 책을 제공하여 출시 초기에 양질의 리뷰를 확보

- 다국어 리뷰 장려: 다양한 언어로 된 리뷰를 확보하여 글로벌 독자들의 관심 유도

- 리뷰 마케팅: 긍정적인 리뷰를 소셜 미디어나 마케팅 자료에 활용

(3) 국제 도서 행사와 디지털 이벤트의 융합

전통적인 오프라인 행사와 디지털 이벤트를 결합한 하이브리드 전략이 효과적입니다.

- 국제 도서전 참가: 프랑크푸르트, 런던 등 주요 도서전에서 네트워킹 및 권리 판매 기회 모색

- 온라인 북토크: 저자와 독자가 실시간으로 소통할 수 있는 글로벌 웨비나 개최

- 버추얼 북 투어: 다양한 국가의 독자들과 동시에 소통할 수 있는 온라인 투어 진행

(4) 현지화된 콘텐츠 마케팅

각국의 문화적 특성을 고려한 맞춤형 콘텐츠 제작이 중요합니다.

- 현지 인플루언서 협업: 각국의 유명 북튜버나 문화 인플루언서와 협력하여 현지 독자들에게 어필

- 문화적 연계성 강조: 책의 내용과 현지 문화의 연관성을 강조하는 마케팅 메시지 개발

- 현지 이슈와의 연결: 책의 주제와 관련된 각국의 시사 이슈나 트렌드와 연계한 마케팅 전개

(5) 데이터 기반의 타깃 마케팅

디지털 툴을 활용한 정밀한 타깃 마케팅으로 효율성을 높입니다.

- 독자 세그먼테이션: 각국의 독자층을 세분화하여 맞춤형 마케팅 메시지 전달

- A/B 테스트: 다양한 마케팅 접근법의 효과를 실시간으로 테스트하고 최적화

- 리타깃팅: 관심을 보인 잠재 독자들에게 지속적으로 마케팅 메시지 노출

이러한 다각적인 마케팅 전략을 통해, 국경을 넘어 다양한 독자들과 깊이 있는 연결을 만들어갈 수 있습니다. 2025년까지 전 세계 도서 시장 규모가 1,000억 달러를 돌파할 것으로 전망되는 가운데, 이러한 글로벌 마케팅 전략은 한국 작가와 출판사들이 이 거대한 시장에서 성공적으로 자리잡는 데 핵심적인 역할을 할 것입니다.

### 4) 국제 유통을 위한 법적 고려 사항

국제 시장에서 책을 배포할 때는 각국의 저작권 법, 유통 계약, 세금 규정 등 법적 사항을 철저히 확인하고, 이를 준수해야 합니다. 저작권 문제나 배급 계약 조건을 정확히 파악하여 불필요한 법적 분쟁을 예방할 수 있습니다.

국제 시장으로의 도서 배포는 큰 기회를 제공하지만, 각국

의 문화적 특성과 언어적 차이를 고려한 전략적 접근이 필요합니다. 글로벌 플랫폼을 활용하여 책을 배포하고, 현지화와 마케팅 전략을 통해 독자들과 소통할 수 있는 기회를 확장해야 합니다. 이를 통해 책의 판매를 증대시키고, 글로벌 독자층을 형성할 수 있습니다.

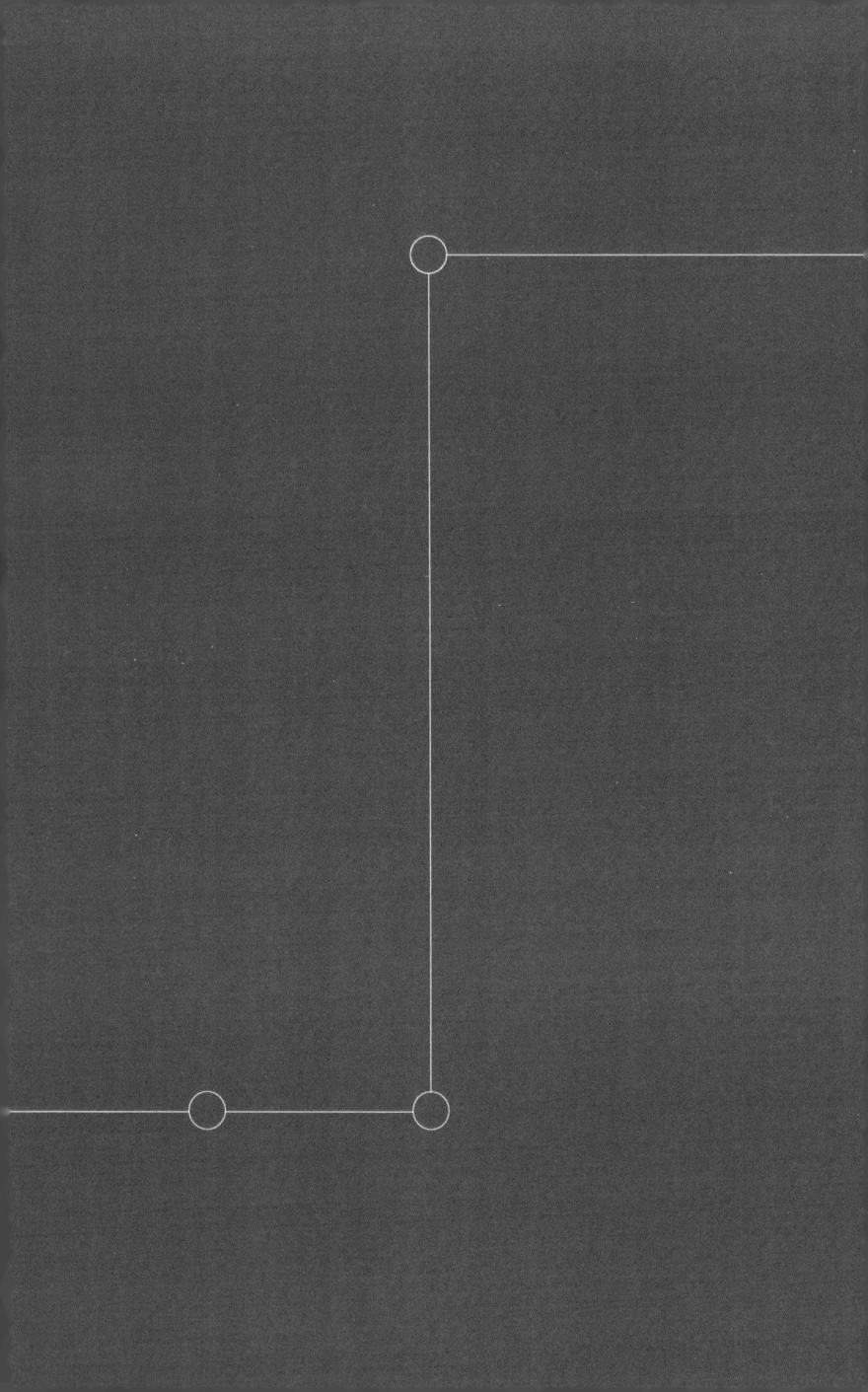

5부

# 출판의 미래

# 신기술 수용

출판 산업은 기술 혁신의 물결 속에서 지속적으로 진화하고 있습니다. 새로운 기술의 도입은 출판사들이 책을 기획, 제작, 배포하는 방식을 근본적으로 변화시키고 있으며, 이는 독자 경험의 향상과 글로벌 시장에서의 경쟁력 강화로 이어지고 있습니다.

### 1) 인공지능(AI)과 머신러닝의 혁신적 활용

AI와 머신러닝 기술은 출판 산업의 여러 영역에서 혁명적인 변화를 일으키고 있습니다.

(1) 자동화된 콘텐츠 생성

AI 기술은 초기 단계의 콘텐츠 생성에 활용되고 있습니다. 예를 들어, 뉴스 기사나 간단한 보고서 작성에 AI가 사용되고 있으며, 이는 향후 더 복잡한 형태의 창작 활동으로 확장될 가능성이 있습니다.

(2) 개인화된 독자 경험

머신러닝 알고리즘은 독자의 독서 패턴과 선호도를 분석하여 맞춤형 콘텐츠를 추천합니다. 이는 독자의 만족도를 높이고 출판사의 마케팅 효율성을 증대시킵니다.

(3) AI 지원 편집 프로세스

AI 기반 편집 도구는 문법 검사, 표절 감지, 일관성 검토 등을 자동화하여 편집 과정의 효율성을 크게 향상시킵니다. 이는 편집자들이 더 창의적이고 전략적인 업무에 집중할 수 있게 합니다.

## 2) 전자책과 오디오북의 발전

전자책과 오디오북은 최근 몇 년간 출판 산업의 혁신을 주도하며 급속한 성장을 이루었습니다. 이러한 디지털 형식의 책들은 전통적인 종이책의 한계를 넘어 전 세계 독자들에게 더욱 접근성 높은 독서 경험을 제공하고 있습니다.

(1) 전자책의 진화
전자책 기술은 단순한 텍스트 표시를 넘어 멀티미디어 콘텐츠를 포함하는 풍부한 경험을 제공하고 있습니다. ePub3와 같은 최신 포맷은 비디오, 오디오, 인터랙티브 기능을 통합하여 독자들에게 더욱 몰입도 높은 독서 경험을 선사합니다. 특히 교육용 도서나 학술서적 분야에서 이러한 기능은 학습 효과를 크게 향상시키고 있습니다.

(2) 오디오북의 급부상
스마트폰의 보급과 음성 인식 기술의 발전으로 오디오북 시장이 급격히 성장하고 있습니다. 업계에서는 2030년까지 350억 달러(약 44조 4,500억 원) 규모로 시장이 확대될 것으로 전망하고 있습니다.

(3) 음성 인터페이스와 스마트 디바이스의 통합
음성 인식 기술의 발전으로 스마트 스피커나 스마트폰을 통한 음성 명령으로 책을 찾고 오디오북을 재생하는 것이 가능해졌습니다. 이는 독서의 접근성을 높이고, 멀티태스킹을 선호하는 현대인의 라이프스타일에 부합하는 새로운 독서 문화를 형성하고 있습니다.

(4) AI 기술의 혁신적 적용

최근 AI 기술의 발전은 오디오북 제작 방식에 혁명적인 변화를 가져오고 있습니다. 2023년 1월 애플 북스(Apple Books)가 출시한 AI 기반의 디지털 내레이션 기술은 오디오북 제작의 새로운 지평을 열었습니다. 이 기술은 특히 독립 작가와 소규모 출판사에게 오디오북 제작의 기회를 확대하고 있습니다.

(5) 하이브리드 독서 경험의 등장

전자책과 오디오북의 결합은 새로운 형태의 하이브리드 독서 경험을 만들어내고 있습니다. 독자들은 상황에 따라 같은 책을 읽거나 들을 수 있게 되어, 더욱 유연하고 개인화된 독서 경험을 즐길 수 있게 되었습니다.

## 3) 가상 현실(VR)과 증강 현실(AR)

디지털 기술의 발전으로 가상 현실(VR)과 증강 현실(AR)이 출판 산업에 혁신적인 변화를 가져오고 있습니다. 이러한 기술들은 독자에게 더욱 몰입감 있고 상호작용적인 독서 경험을 제공하며, 출판의 미래를 새롭게 정의하고 있습니다.

(1) 가상 현실(VR)의 몰입형 독서 경험
VR 기술은 독자를 책 속 세계로 완전히 끌어들입니다. 역사서나 소설의 경우, 독자들은 VR 헤드셋을 통해 고대 로마의 거리를 거닐거나 판타지 세계의 드래곤과 마주할 수 있습니다. 이는 단순히 글자로 상상하는 것을 넘어, 책의 세계를 직접 체험하는 새로운 차원의 독서를 가능하게 합니다.

(2) 증강 현실(AR)로 확장되는 책의 경계
AR 기술은 실제 책과 디지털 콘텐츠를 매끄럽게 결합합니다. 스미소니언 박물관의 사례처럼, 교육용 도서에서 AR을 활용하면 독자들은 책 페이지 위에서 공룡이 움직이는 모습을 볼 수 있습니다. 이는 특히 과학, 역사, 지리 등의 학습에 혁명적인 변화를 가져올 수 있습니다.

(3) 인터랙티브 책: 독자가 만들어가는 이야기
VR과 AR 기술을 활용한 인터랙티브 책은 독자를 수동적인 관찰자에서 능동적인 참여자로 변화시킵니다. 예를 들어, 퀴버비전(QuiverVision)의 AR 색칠공부 책은 아이들이 색칠한 그림을 생동감 있는 3D 애니메이션으로 변환시켜 줍니다. 이는 아이들의 창의성과 학습 동기를 크게 향상시킬 수 있습니다.

(4) 교육과 엔터테인먼트의 융합

VR과 AR 기술은 '에듀테인먼트'라는 새로운 장르를 만들어 내고 있습니다. 학습 내용을 게임화하거나, 복잡한 개념을 시각적으로 표현함으로써 학습 효과를 극대화할 수 있습니다. 이는 특히 STEM(과학(Science), 기술(Technology), 공학(Engineering), 수학(Mathematics)) 교육 분야에서 큰 잠재력을 보여주고 있습니다.

(5) 접근성 향상과 새로운 독자층 확보

VR과 AR 기술은 시각 장애인이나 학습 장애가 있는 사람들에게도 새로운 독서 경험을 제공할 수 있습니다. 예를 들어, AR 기술을 통해 텍스트를 음성으로 변환하거나, 복잡한 개념을 시각적으로 설명하는 등 다양한 방식으로 책의 내용을 전달할 수 있습니다.

## 4) 블록체인

블록체인 기술은 출판 산업에 새로운 패러다임을 제시하고 있습니다. 이 기술은 저작권 관리, 거래의 투명성, 그리고 콘텐츠 유통의 혁신을 통해 출판 생태계를 근본적으로 변화시킬 잠재력을 가지고 있습니다.

### (1) 디지털 저작권 관리의 혁신

블록체인 기술은 디지털 콘텐츠의 소유권과 저작권을 안전하게 보호합니다. 각 콘텐츠의 생성, 수정, 유통 과정이 블록체인에 기록되어 추적이 가능해지므로, 불법 복제와 무단 사용을 효과적으로 방지할 수 있습니다. 예를 들어, 일본의 출판사 Starts Publishing은 2018년부터 블록체인 기술을 활용하여 만화 콘텐츠의 저작권을 관리하고 있으며, 이를 통해 해적판 유통을 크게 줄일 수 있었습니다.

### (2) 스마트 계약을 통한 자동화

블록체인 기반의 스마트 계약은 출판사와 저자 간의 계약을 자동화하고 투명하게 만듭니다. 이는 로열티 지급, 권리 양도, 2차 저작물 생성 등의 과정을 효율적으로 관리할 수 있게 합니다. 예를 들어, 영국의 스타트업 Publica는 블록체인 기반의 출판 플랫폼을 통해 저자들이 직접 독자들에게 책을 판매하고, 실시간으로 로열티를 받을 수 있는 시스템을 구축했습니다.

(3) 콘텐츠 유통의 새로운 모델

블록체인은 중개자 없이 저자와 독자가 직접 거래할 수 있는 플랫폼을 제공합니다. 이는 기존의 유통 구조를 변화시키고, 저자들에게 더 많은 수익을 안겨줄 수 있습니다. 예를 들어, 한국의 블록체인 기반 플랫폼 '퍼블리시'는 저자들이 자신의 작품을 토큰화하여 판매할 수 있는 시스템을 제공하고 있습니다.

(4) 독자 참여형 출판 모델

블록체인 기술은 독자들이 출판 과정에 직접 참여할 수 있는 새로운 모델을 가능하게 합니다. 예를 들어, 크라우드펀딩과 블록체인을 결합한 플랫폼을 통해 독자들이 관심 있는 책의 출판에 투자하고, 그 수익을 공유받을 수 있습니다. 이는 출판의 리스크를 분산시키고, 독자들의 니즈를 직접적으로 반영할 수 있는 기회를 제공합니다.

(5) 콘텐츠의 진위 확인

블록체인 기술은 학술 출판물이나 뉴스 기사의 진위를 확인하는 데도 활용될 수 있습니다. 각 콘텐츠의 출처와 수정 이력을 명확히 추적할 수 있어, 가짜 뉴스나 표절 문제를 해결하는 데 도움이 될 수 있습니다.

**5) 데이터 분석과 예측**

출판 산업에서 데이터 분석과 예측 기술의 활용은 더 이상 선택이 아닌 필수가 되었습니다. 이러한 기술은 출판사들이 시장의 변화를 선제적으로 파악하고, 독자들의 니즈에 더욱 정확하게 대응할 수 있게 해줍니다.

(1) 독자 행동 분석의 정교화

최신 데이터 분석 기술은 독자들의 행동을 미시적 수준에서 파악할 수 있게 해줍니다. 예를 들어, 전자책 플랫폼에서는 독자들이 어느 페이지에서 오래 머물렀는지, 어떤 문장을 하이라이트했는지 등의 정보를 수집할 수 있습니다. 이러한 데이터는 책의 내용 구성이나 마케팅 전략 수립에 귀중한 인사이트를 제공합니다.

(2) AI 기반 판매 예측 모델

머신러닝 알고리즘을 활용한 판매 예측 모델은 출판사의 의사결정을 혁신적으로 개선하고 있습니다. 이 모델은 과거 판매 데이터, 시장 트렌드, 소셜 미디어 반응 등 다양한 요소를 종합적으로 분석하여 각 책의 판매량을 예측합니다. 예를 들어, 펭귄 랜덤하우스 출판사는 AI 기반 예측 모델을 통해 신간 도서의 초기 인쇄 부수를 결정하여 재고 관리 효율성을 20% 이상 향상시켰습니다.

(3) 하이퍼 개인화된 마케팅

빅데이터와 AI 기술의 결합은 독자 개개인에 대한 깊이 있는 이해를 가능하게 합니다. 이를 통해 출판사는 각 독자의 취향, 읽기 습관, 구매 패턴 등을 고려한 초개인화된 마케팅을 펼칠 수 있습니다. 예를 들어, 아마존의 '당신을 위한 추천' 시스템은 독자의 과거 구매 이력, 검색 기록, 위시리스트 등을 종합적으로 분석하여 놀라울 정도로 정확한 책 추천을 제공합니다.

(4) 트렌드 예측과 콘텐츠 기획

데이터 분석은 미래의 독서 트렌드를 예측하는 데에도 활용됩니다. 소셜 미디어 데이터, 검색 엔진 쿼리, 온라인 서점의 검색어 등을 분석하여 독자들의 관심사 변화를 파악하고, 이를 바탕으로 새로운 책의 주제나 시리즈를 기획할 수 있습니다. 예를 들어, 한 출판사는 이러한 데이터 분석을 통해 '지속가능한 생활'에 대한 관심이 증가하고 있음을 파악하고, 관련 주제의 책 시리즈를 성공적으로 출간했습니다.

(5) 동적 가격 책정 전략

데이터 분석을 통해 출판사는 시장 상황에 따라 실시간으로 가격을 조정하는 동적 가격 책정 전략을 구사할 수 있습니다. 이는 수요와 공급, 경쟁사의 가격, 시즌별 특성 등을 고려하여 최적의 가격을 책정함으로써 수익을 극대화할 수 있게 해줍니다.

### 6) 3D 프린팅

3D 프린팅 기술은 출판 산업에 혁신적인 변화를 가져오고 있습니다. 이 기술은 책의 물리적 형태를 재정의하고, 독자에게 전례 없는 개인화된 경험을 제공할 수 있는 잠재력을 지니고 있습니다.

(1) 개인화된 책 제작의 혁명

3D 프린팅을 통해 독자의 요구에 맞춘 완전히 개인화된 책을 제작할 수 있습니다. 이는 단순히 내용의 맞춤화를 넘어, 책의 물리적 형태까지 개인화할 수 있음을 의미합니다. 예를 들어, 독자의 얼굴을 본뜬 3D 프린팅 책 커버를 만들거나, 책의 내용과 연관된 3D 오브제를 책에 통합하는 것이 가능해집니다.

(2) 촉각적 독서 경험 제공

3D 프린팅 기술은 시각 장애인을 위한 점자 책 제작에 혁명을 일으킬 수 있습니다. 기존의 점자 책보다 더 정교하고 다양한 촉각적 요소를 포함시켜, 시각 장애인들에게 더욱 풍부한 독서 경험을 제공할 수 있습니다.

(3) 교육용 도서의 혁신

3D 프린팅은 교육 분야에서 특히 큰 잠재력을 보여줍니다. 예를 들어, 과학 교과서에 3D 프린팅된 분자 모형이나 해부학적 모델을 포함시켜 학생들의 이해를 돕고 학습 효과를 높일 수 있습니다.

(4) 책 관련 굿즈의 다양화

3D 프린팅은 책과 관련된 다양한 굿즈 제작에도 활용될 수 있습니다. 책의 캐릭터나 주요 소품을 3D 프린팅으로 제작하여, 독자들에게 더욱 몰입감 있는 독서 경험을 제공할 수 있습니다.

(5) 환경 친화적 출판

3D 프린팅 기술은 필요한 만큼만 제작할 수 있어 재고 관리의 효율성을 높이고 자원 낭비를 줄일 수 있습니다. 또한, 재활용 가능한 소재를 사용함으로써 더욱 환경 친화적인 출판이 가능해집니다.

출판의 미래는 기술 혁신과 독자들의 변화하는 요구에 따라 지속적으로 진화하고 있습니다.

이러한 변화 속에서 출판 산업은 기술을 수용하면서도 콘텐츠의 본질적 가치를 지키는 균형을 찾아야 할 것입니다. 또한, 변화하는 환경에 적응하면서 새로운 기회를 창출하는 혁신적인 접근이 필요할 것입니다. 출판의 미래는 도전과 기회가 공존하는 흥미진진한 여정이 될 것입니다.

# 자가출판 플랫폼의 부상

디지털 기술의 발전과 온라인 플랫폼의 보급으로 자가출판이 급속도로 성장하고 있습니다. 2025년 현재, 자가출판은 더 이상 대안적인 출판 방식이 아닌 주류 출판의 한 축으로 자리잡았습니다. 이러한 변화는 출판 산업의 패러다임을 근본적으로 바꾸고 있습니다.

### 1) 자가출판 플랫폼의 진화

최근 자가출판 플랫폼들은 단순히 책을 출판하는 것을 넘어 종합적인 출판 서비스를 제공하고 있습니다. 이러한 원스톱 서비스는 초보 작가들도 쉽게 책을 출판할 수 있게 해주었습니다.

## 2) POD(Publish On Demand) 시스템의 보편화

POD 시스템은 자가출판의 핵심 기술로 자리잡았습니다. 이 시스템은 주문이 들어올 때마다 책을 제작하여 판매하는 방식으로, 재고 부담을 줄이고 다양한 책의 출판을 가능하게 합니다. 교보문고의 '바로출판 POD'와 같은 서비스는 2025년 현재 10만종 이상의 도서를 제공하고 있어, 독자들에게 더 많은 선택권을 제공하고 있습니다.

## 3) 새로운 작가층의 등장

자가출판 플랫폼의 발전으로 전문 작가가 아닌 일반인들도 쉽게 책을 출판할 수 있게 되었습니다. 특히 주목할 만한 점은 젊은 층의 참여가 두드러진다는 것입니다. 이는 자가출판이 새로운 세대의 창작 욕구를 충족시키고 있음을 보여줍니다.

## 4) 글로벌 시장으로의 확장

자가출판 플랫폼들은 국내 시장을 넘어 글로벌 시장으로 확장하고 있습니다. 많은 플랫폼들이 다국어 서비스를 제공하며, 해외 유통망을 확보하고 있습니다. 이는 한국 작가들이 세계 시장에 진출할 수 있는 기회를 제공하고 있습니다.

### 5) AI 기술의 활용

최신 AI 기술은 자가출판 과정을 더욱 효율적으로 만들고 있습니다. 예를 들어, AI 기반의 편집 도구는 문법 검사, 표절 감지, 스타일 개선 등을 자동으로 수행하여 작가들의 부담을 줄여주고 있습니다. 또한, AI를 활용한 번역 서비스로 글로벌 시장 진출이 더욱 용이해졌습니다.

자가출판 플랫폼의 부상은 출판 산업의 민주화를 가속화하고 있습니다. 이는 더 다양한 목소리와 이야기가 세상에 나올 수 있는 기회를 제공하며, 출판의 미래를 더욱 풍요롭게 만들고 있습니다. 앞으로 자가출판은 기술의 발전과 함께 더욱 진화하여, 출판 산업의 새로운 표준이 될 것으로 전망됩니다.

# 진화하는
# 독자 행동

디지털 기술의 발전과 사회적 변화로 인해 독자들의 행동 패턴이 급격히 변화하고 있습니다. 2025년 현재, 이러한 변화는 출판 산업 전반에 큰 영향을 미치고 있으며, 출판사와 저자들은 이에 적응하기 위해 노력하고 있습니다.

### 1) 디지털 콘텐츠의 주류화

코로나19의 장기화로 디지털 산업이 가속화되면서 많은 독자들이 디지털 영역으로 빠르게 이동하고 있습니다. 전자책과 오디오북의 수요가 급증하고 있으며, 특히 오디오북 시장은 2025년 현재 350억 달러 규모로 성장했습니다. 이는 바쁜 현대인들의 라이프스타일에 부합하는 '멀티태스킹 독서'가 가능해졌기 때문입니다.

## 2) 옴니채널 독서 경험

독자들은 더 이상 한 가지 형태의 콘텐츠에 국한되지 않습니다. 종이책, 전자책, 오디오북을 상황에 따라 자유롭게 전환하며 읽는 '옴니채널 독서'가 보편화되었습니다. 출판사들은 이에 대응하여 다양한 형태의 콘텐츠를 동시에 제공하는 서비스를 확대하고 있습니다.

## 3) 소셜 리딩의 확산

소셜 미디어와 독서 플랫폼의 결합으로 '소셜 리딩'이 새로운 트렌드로 자리잡았습니다. 독자들은 책을 읽으면서 실시간으로 다른 독자들과 소통하고, 자신의 독서 경험을 공유합니다. 이는 독서를 개인적인 활동에서 사회적 활동으로 변화시키고 있습니다.

## 4) AI 기반 개인화 추천

AI 기술의 발전으로 독자들의 취향과 독서 패턴을 분석한 초개인화 추천 시스템이 보편화되었습니다. 이는 독자들이 자신의 관심사에 맞는 책을 더 쉽게 발견할 수 있게 해주며, 출판사들의 타깃 마케팅을 가능하게 합니다.

### 5) 인터랙티브 콘텐츠의 부상

독자들은 더 이상 수동적인 소비자가 아닌 적극적인 참여자가 되고자 합니다. 증강현실(AR)이나 가상현실(VR)을 활용한 인터랙티브 책이 인기를 끌고 있으며, 독자가 이야기의 전개에 직접 관여할 수 있는 '선택형 스토리텔링' 방식의 책도 늘어나고 있습니다.

### 6) 지속가능성에 대한 관심 증가

환경 문제에 대한 인식이 높아지면서, 독자들은 책의 내용뿐만 아니라 제작 과정의 지속가능성에도 관심을 가지게 되었습니다. 재생 종이를 사용하거나 탄소 중립 인쇄 방식을 채택한 출판사들이 독자들의 호응을 얻고 있습니다.

### 7) 마이크로 콘텐츠의 인기

짧고 간결한 콘텐츠를 선호하는 경향이 강해지면서, 마이크로 콘텐츠 형태의 책이 인기를 끌고 있습니다. 5분 안에 읽을 수 있는 짧은 이야기나, 핵심만을 간추린 요약본 등이 바쁜 현대인들에게 각광받고 있습니다.

독자들의 행동 변화는 출판 산업에 새로운 도전과 기회를 동시에 제공하고 있습니다. 출판사와 저자들은 이러한 변화에 민첩하게 대응하며, 독자들의 다양한 니즈를 충족시킬 수 있는 혁신적인 콘텐츠와 서비스를 개발해 나가야 할 것입니다. 디지털 기술을 적극 활용하되, 책의 본질적 가치를 잃지 않는 균형 잡힌 접근이 앞으로의 출판 산업에서 성공의 열쇠가 될 것입니다.

## 마무리

출판의 세계는 단순히 책을 만들어내는 것 이상의 복잡하고 다면적인 과정입니다. '어린 왕자'에서 배울 수 있는 10가지 교훈은 출판 업계에서 성공하고 의미 있는 작품을 만들어내는 데 중요한 통찰력을 제공합니다.

이 교훈들은 출판사와 작가들에게 창의성, 진정성, 그리고 독자와의 깊은 연결의 중요성을 상기시킵니다. 어린아이의 눈으로 세상을 바라보는 능력은 신선하고 혁신적인 아이디어를 발견하는 데 도움이 되며, 상상력의 중요성은 독창적인 콘텐츠 창출의 핵심입니다.

우정의 가치와 자기 사랑에 대한 교훈은 저자, 편집자, 그리고 출판사 간의 건강한 협력 관계를 구축하는 데 적용될 수 있습니다. 또한, 이러한 가치들은 독자들과 진정한 유대감을 형성하는 데 필수적입니다.

'어린 왕자'의 교훈들은 출판 업계에 종사하는 이들에게 그들의 작업이 단순한 비즈니스를 넘어 독자들의 삶에 의미 있는 영향을 미칠 수 있는 예술 형태임을 상기시킵니다. 이러한 교훈들을 마음에 새기고 적용함으로써, 출판 전문가들은 더욱 풍부하고 영향력 있는 작품을 만들어낼 수 있을 것입니다.

### 1. 독자의 변화하는 요구를 이해하라

독자의 취향과 요구는 끊임없이 진화합니다. 작가와 출판사는 이러한 변화에 민감하게 반응하고, 독자들의 피드백을 바탕으로 콘텐츠를 지속적으로 발전시켜야 합니다. 데이터 분석과 시장 조사를 통해 독자의 니즈를 정확히 파악하는 것이 중요합니다.

### 2. 품질은 타협의 대상이 아니다

내용, 디자인, 편집 등 모든 측면에서 책의 품질을 높이는 것이 성공적인 출판의 핵심입니다. 높은 품질은 독자들의 신뢰를 얻고 장기적인 브랜드 가치를 구축하는 데 필수적입니다. 품질 관리를 위한 체계적인 프로세스를 구축하고 지속적으로 개선해 나가야 합니다.

### 3. 마케팅은 책의 탄생과 함께 시작된다

책의 기획 단계부터 마케팅 전략을 수립하고, 출판 전부터 독자와의 연결 고리를 구축하는 것이 중요합니다. 소셜 미디어, 저자 인터뷰, 티저 콘텐츠 등을 활용해 책에 대한 기대감을 조성하고, 출판 즉시 효과적인 마케팅을 펼칠 수 있도록 준비해야 합니다.

### 4. 디지털 혁신을 수용하라

전자책, 오디오북, 온라인 플랫폼 등 디지털 환경의 발전은 출판 산업에 새로운 기회를 제공합니다. 전통적인 출판 방식에 안주하지 말고, 다양한 디지털 콘텐츠 형식과 유통 채널을 적극적으로 활용해야 합니다. 기술 혁신을 통해 독자와의 접점을 확대하고 새로운 비즈니스 모델을 창출할 수 있습니다.

### 5. 시장 분석은 성공의 나침반이다

책을 출판하기 전, 철저한 시장 조사와 독자의 관심사 파악은 필수적입니다. 경쟁 분석, 트렌드 예측, 타깃 독자층 분석 등을 통해 책의 성공 가능성을 높일 수 있습니다. 데이터 기반의 의사결정은 출판의 위험을 줄이고 성공 확률을 높이는 핵심 요소입니다.

### 6. 신뢰 기반의 장기적 관계를 구축하라

출판사는 저자, 독자, 유통 파트너 등과의 신뢰 관계를 장기적으로 구축해야 합니다. 단기적인 이익보다는 상호 이해와 협력을 바탕으로 한 지속 가능한 관계가 중요합니다. 이는 안정적인 비즈니스 기반을 마련하고 업계 내 평판을 높이는 데 기여합니다.

### 7. 변화에 대한 유연한 적응력을 키워라

출판 산업은 기술 발전, 독서 습관의 변화, 새로운 콘텐츠 형식의 등장 등으로 끊임없이 변화합니다. 이러한 변화를 두려워하지 말고 적극적으로 수용하며, 새로운 기회를 발견하고 도전하는 자세가 필요합니다. 지속적인 학습과 혁신을 통해 변화의 흐름을 주도해 나가야 합니다.

### 8. 창의성은 경쟁력의 원천이다

독창적이고 창의적인 아이디어는 출판 시장에서 차별화된 경쟁력을 제공합니다. 단순히 유행을 따르는 것이 아니라, 새로운 시각과 혁신적인 접근 방식을 통해 시장을 선도할 수 있는 콘텐츠를 개발해야 합니다. 창의적인 기획과 실험적인 시도를 장려하는 조직 문화를 조성하는 것이 중요합니다.

### 9. 위기 관리 능력을 갖추라

출판 산업에서 예기치 못한 위기 상황은 언제든 발생할 수 있습니다. 이러한 위기를 효과적으로 관리하고 해결하는 능력이 출판사와 작가의 장기적인 성공을 좌우합니다. 위기 대응 매뉴얼을 마련하고, 유연하고 신속한 의사결정 체계를 구축하여 위기를 기회로 전환할 수 있는 역량을 키워야 합니다.

### 10. 저자의 창작 비전을 존중하라

저자와의 협업은 성공적인 책 출판의 핵심 요소입니다. 저자의 창작 과정과 비전을 존중하며, 그들의 목소리를 효과적

- 출판의 경험이 있는 전문가라면, 새로운 관점과 전략을 발견할 것입니다.
- 1인 출판·자가 출판을 계획 중인 도전자라면, 성공으로 가는 확실한 길을 제시할 것입니다.

이 책에서 다룰 주제는 아이디어를 구체화하고 독자를 사로잡을 기획을 세우는 방법부터, 글을 다듬고 책의 모습을 완성하는 제작 과정, 그리고 책을 독자의 손에 전달하는 유통과 마케팅 전략까지, 모든 과정이 하나의 유기적인 흐름으로 연결됩니다.

이 책은 단순히 지식을 전달하는 가이드가 아닙니다. 아이디어 하나가 한 권의 책으로 세상에 나아가는 과정을 함께 고민하고 함께 걸어가는 동반자입니다.

지금 당신의 이야기를 세상과 나눌 준비가 되셨다면, 이 책이 그 여정을 힘껏 밀어주는 든든한 조력자가 되어줄 것입니다.

## 목차

들어가며 　　　　　　　　　　　　　　　　　　　　　004
출판산업의 진화 　　　　　　　　　　　　　　　　　　010

### 1부　책 계획　　　　　　　　　　　　　　　　　　021

#### ① 아이디어 찾기　　　　　　　　　　　　　　　　022
독자 분석 / 트렌드 분석 / 독서 경험 활용 / 사회적 문제 / 자기 경험과 이야기 / 기존의 콘텐츠 재해석 / 인터뷰와 대화 / 문제 해결 중심의 아이디어 / 문화적 요소 탐구 / 상상력과 창의력 발휘

#### ② 콘셉트 개발　　　　　　　　　　　　　　　　　027
핵심 메시지 정의 / 독자 타깃 설정 / 차별화 전략 수립 / 내러티브 구조 설계 / 시각적 요소 통합 / 문제 해결 중심 접근 / 기존 개념의 재해석 / 멀티미디어적 접근 / 혁신적 형식 실험 / 지속적인 피드백 수렴

## 2부 책 만들기 033

### ① 원고 작성과 편집 034
원고 작성 / 편집 / 최종 검토 및 출판 준비

### ② 디자인 및 레이아웃 042
디자인의 중요성 / 책의 디자인 단계 / 디자인과 레이아웃의 목표

### ③ 제작 054
인쇄 형식 / 인쇄 종이 종류 / 책 제본 형태

### ④ 최종 선택 075
인쇄 형식 선택의 다차원적 접근 / 종이 선택의 전략적 프레임워크 / 제본 형태 결정의 핵심 요소


## 3부 책 마케팅 079

### ① 예측 구축 082
예측 구축의 중요성 / 예측 구축을 위한 핵심 요소

### ② 책 브랜드화 090
책 브랜드화의 중요성 / 책 브랜드화의 주요 요소 / 책 브랜드화 과정 / 책 브랜드화의 성공적인 사례 / 책 브랜드화의 도전과 극복 방법

### ③ 독자들과의 소통 099
독자와의 소통의 중요성 / 독자와의 소통을 위한 주요 전략 / 독자와의 소통에서 중요한 점 / 독자와의 소통을 통한 효과적인 마케팅

## 4부  책 배포

### ① 유통채널
오프라인 서점 / 온라인 서점 / 도서관 / 전자책 및 오디오북 / 직접 유통 / 이벤트 및 홍보 채널

### ② 디지털 플랫폼 탐색
전자책 플랫폼 / 오디오북 플랫폼 / 전자책과 오디오북의 결합

### ③ 국제 시장
글로벌 출판 시장의 이해 / 현지화 전략 / 국제 마케팅 전략 / 국제 유통을 위한 법적 고려 사항

## 5부 출판의 미래

### ① 신기술 수용

인공지능(AI)과 머신러닝의 혁신적 활용 / 전자책과 오디오북의 발전 / 가상 현실(VR)과 증강 현실(AR) / 블록체인 / 데이터 분석과 예측 / 3D 프린팅

### ② 자가출판 플랫폼의 부상

자가출판 플랫폼의 진화 / POD 시스템의 보편화 / 새로운 작가층의 등장 / 글로벌 시장으로의 확장 / AI 기술의 활용

### ③ 진화하는 독자 행동

디지털 콘텐츠의 주류화 / 옴니채널 독서 경험 / 소셜 리딩의 확산 / AI 기반 개인화 추천 / 인터랙티브 콘텐츠의 부상 / 지속 가능성에 대한 관심 증가 / 마이크로 콘텐츠의 인기

### 마무리

# 출판산업의 진화

**1) 출판의 시작**

출판의 역사는 인간이 지식과 정보를 기록하고 공유하려는 시도에서 시작되었습니다. 초기 출판의 모습은 다음과 같습니다.

- **석판과 점토판** (기원전 3000년 이전 ~ 기원전 1000년)

고대 문명에서는 법률, 종교 문서, 문학을 석판과 점토판에 새겨 기록했습니다. 비록 무겁고 다루기 힘들었지만, 이는 기록 문화의 첫걸음이었습니다.

[점토판]

• 파피루스와 두루마리 (기원전 4000년 ~ 서기 8세기)

파피루스는 기원전 4000년경 이집트에서 사용되기 시작했습니다. 이 가벼운 매체는 주로 두루마리 형태로 제작되어 그리스와 로마를 포함한 지중해 문명에서 수천 년 동안 사용되었습니다. 파피루스는 이집트의 주요 수출품이자 전략물자로, 기원전 2세기까지도 그 중요성이 유지되었습니다.

[ 파피루스와 두루마리 ]

• 양피지의 등장 (기원전 2세기 ~ 중세)

기원전 2세기, 이집트의 파피루스 수출 금지로 인해 페르가몬에서 양피지가 발명되었습니다. 양피지는 파피루스를 대체하며 중요한 기록 매체로 자리 잡았지만, 동물성 재료라는 점에서 논란의 여지가 있었습니다.

[ 양피지 ]

• 코덱스와 책의 탄생 (1세기 ~ 현재)

코덱스(초기 형태의 책)는 두루마리를 대신하여 페이지를 묶은 형태로 등장했습니다.

[ 코덱스 ]

출판산업의 진화    11

이는 기독교 초기 문헌을 배포하는 데 사용되며, 실용성과 효율성 면에서 혁신적이었습니다. 코덱스 형태는 현대 책의 원형이 되었습니다.

### 2) 인쇄 혁명 (15세기)

15세기 요하네스 구텐베르크가 인쇄기를 발명하며 출판산업은 급격히 변화했습니다.

• 책의 대량 생산

구텐베르크의 인쇄기는 책을 대량으로 생산할 수 있게 하여, 생산성과 정확도를 크게 향상시켰습니다. 이는 필사본 생산 속도와 비교해 15배나 빨랐으며, 인쇄공의 숙련도에 따라 1분에 2~10장가량을 인쇄할 수 있었습니다. 구텐베르크 성경은 이 혁명의 대표적인 사례로, 3년에 걸쳐 180부가 인쇄되었습니다.

[ 구텐베르크 인쇄기 ]

• 지식의 민주화

인쇄 기술은 지식의 보급을 확대하고 책의 가격을 하락시켜, 많은 사람들이 이전에는 접근하기 어려웠던 정보를 얻을 수 있게 했습니다. 이는 르네상스, 종교개혁, 과학 혁명과 같은 중요한 역사적 사건을 촉진하며 지식의 보편화를 가능하게 했습니다. 구텐베르크의 발명은 소수의 귀족과 성직자들이 성경과 지식을 독점하던 체계를 무너뜨리는 데 기여했습니다.

• 기술적 혁신

구텐베르크는 이동 가능한 금속 활자를 개발하고, 포도주 압축기를 활용한 프레스 기술을 도입했습니다. 이러한 혁신은 인쇄의 품질과 효율성을 크게 향상시켰으며, 현대 출판업의 기초를 마련했습니다.

### 3) 출판의 확장 (16세기 ~ 19세기)

이 시기에는 출판이 체계적 산업으로 발전했습니다.

• 출판의 대중화

16세기부터 책의 생산량이 급격히 증가했습니다. 1550년 한 해에만 서유럽에서 약 300만 권의 책이 생산되었는데, 이는 14세기 전체 원고 수보다 많은 양입니다. 이는 인쇄기의 도입과 문해율의 증가로 인한 결과였습니다.

• 책 시장의 형성

16세기 들어 책 시장의 집중도는 낮아지고, 책의 다양성이 증가하며 본격적인 책 시장이 형성되었습니다. 이는 신흥 계급의 성장과 함께 책의 수요가 다양화되었음을 보여줍니다.

• 신문과 잡지의 등장

16세기 이탈리아에서 최초의 신문인 '가제트'가 발간되었고, 17세기 서유럽에서 신문은 부르주아의 정보와 발언의 장으로 성장했습니다. 이는 문해력의 대중적 확대와 함께 책이 특정 계층의 기록물에서 대중의 관심물로 이전하는 것을 의미합니다.

• 산업혁명과 출판의 산업화

19세기 산업·기술 혁명을 거치면서 출판은 산업화의 시대로 접어들게 됩니다. 기계 인쇄 방식의 도입으로 증가된 수요에 맞추어 대량공급이 가능해졌고, 종이 생산도 기계화되어 가격이 하락했습니다. 이로 인해 책의 생산성과 접근성이 크게 향상되었습니다.

## 4) 현대 출판의 시작 (20세기)

20세기에는 기술과 문화의 발전이 출판 산업에 큰 변화를 가져왔습니다.

• 디지털 혁명

20세기 후반에 들어서면서 인쇄술은 디지털 혁신을 맞이했습니다. 레이저 프린터와 잉크젯 프린터의 발명으로 디지털 인쇄 시대가 열렸고, 이는 소규모 인쇄와 주문형 인쇄를 가능하게 했습니다. 이러한 기술 발전은 인쇄의 유연성과 효율성을 크게 향상시켰으며, 소규모 출판사와 개인 창작자들이 쉽게 책을 출판할 수 있는 길을 열어주었습니다.

• 출판의 산업화

19세기 말부터 20세기 초까지 출판은 본격적인 산업화 단계에 접어들었습니다. 기계 인쇄 방식의 도입으로 증가된 수요에 맞춰 대량 공급이 가능해졌고, 종이 생산도 기계화되어 가격이 하락했습니다. 이로 인해 책의 생산성과 접근성이 크게 향상되었습니다.

• 출판 기업의 성장

20세기 후반, 프랑스를 비롯한 여러 국가에서 대형 출판 기업들이 등장하며 출판 산업이 더욱 다양화되고 전문화되었습니다. 예를 들어, 1986년에 설립된 메디아 파르티시파시옹은 만화와 아동 도서 분야에서 큰 성공을 거두었습니다.

이러한 변화들로 인해 20세기 출판 산업은 이전 시대와는 완전히 다른 모습으로 발전하게 되었습니다.

### 5) 디지털 전환 (21세기)

인터넷과 디지털 기술의 발전은 출판 산업에 혁명적인 변화를 가져왔습니다.

• 디지털 출판의 확산

전자책, 오디오북, 인터랙티브 전자책 등 다양한 디지털 형식의 출판물이 등장했습니다. 이는 독자들에게 새로운 독서 경험을 제공하며, 출판사들이 콘텐츠를 다양한 플랫폼으로 확장할 수 있게 했습니다.

• 인공지능(AI)의 활용

AI 기술은 출판 프로세스를 혁신적으로 변화시키고 있습니다. 예를 들어, AI 기반 교정 솔루션은 원고 완성부터 출판까지의 기간을 대폭 단축시켰습니다. 또한 AI는 개인화된 도서 추천과 마케팅 캠페인을 가능하게 하여 독자들의 선호도에 맞춘 서비스를 제공할 수 있게 되었습니다.

• 출판 가치 사슬의 통합
디지털 기술은 원고 개발부터 출판 후 분석에 이르기까지 출판 프로세스의 모든 단계에 영향을 미치고 있습니다. 이는 출판 산업의 효율성을 높이고 새로운 비즈니스 모델을 창출하는 데 기여하고 있습니다.

• 글로벌화와 다원화
디지털 기술은 출판물의 국제적 유통을 용이하게 만들었습니다. 또한 다양한 독자층을 위한 맞춤형 콘텐츠 제작이 가능해져, 출판 시장의 다원화를 촉진하고 있습니다.

이러한 변화들은 출판 산업에 도전과 기회를 동시에 제공하고 있으며, 앞으로도 계속해서 산업의 모습을 변화시킬 것으로 예상됩니다.

## 6) 결론

출판 산업의 역사는 지속적인 변화와 혁신의 과정이었습니다. 석판에서 디지털 출판까지의 여정은 시대의 요구를 반영한 기술과 창의성의 결과물입니다. 그러나 현재 출판 산업은 여러 도전에 직면해 있습니다. 학령인구 및 독서인구의 지속적인 감소, 불법복제 문제, 도서관의 도서구입비 감소, 베스트셀러 집중 현상 같은 출판시장의 양극화 등이 주요 과제로 대두되고 있습니다.

미래의 출판업은 이러한 도전을 극복하고 독자의 변화하는 요구에 부응하며 지속적으로 진화해야 할 것입니다. 정부의 정책적 지원과 함께, 출판계 자체의 혁신 노력이 필요한 시점입니다. AI, 증강현실(AR), 블록체인과 같은 신기술의 도입으로 변화의 기로에 서 있습니다. 이러한 기술들은 책의 제작, 배포, 소비 방식을 혁신적으로 변화시킬 잠재력을 가지고 있습니다.

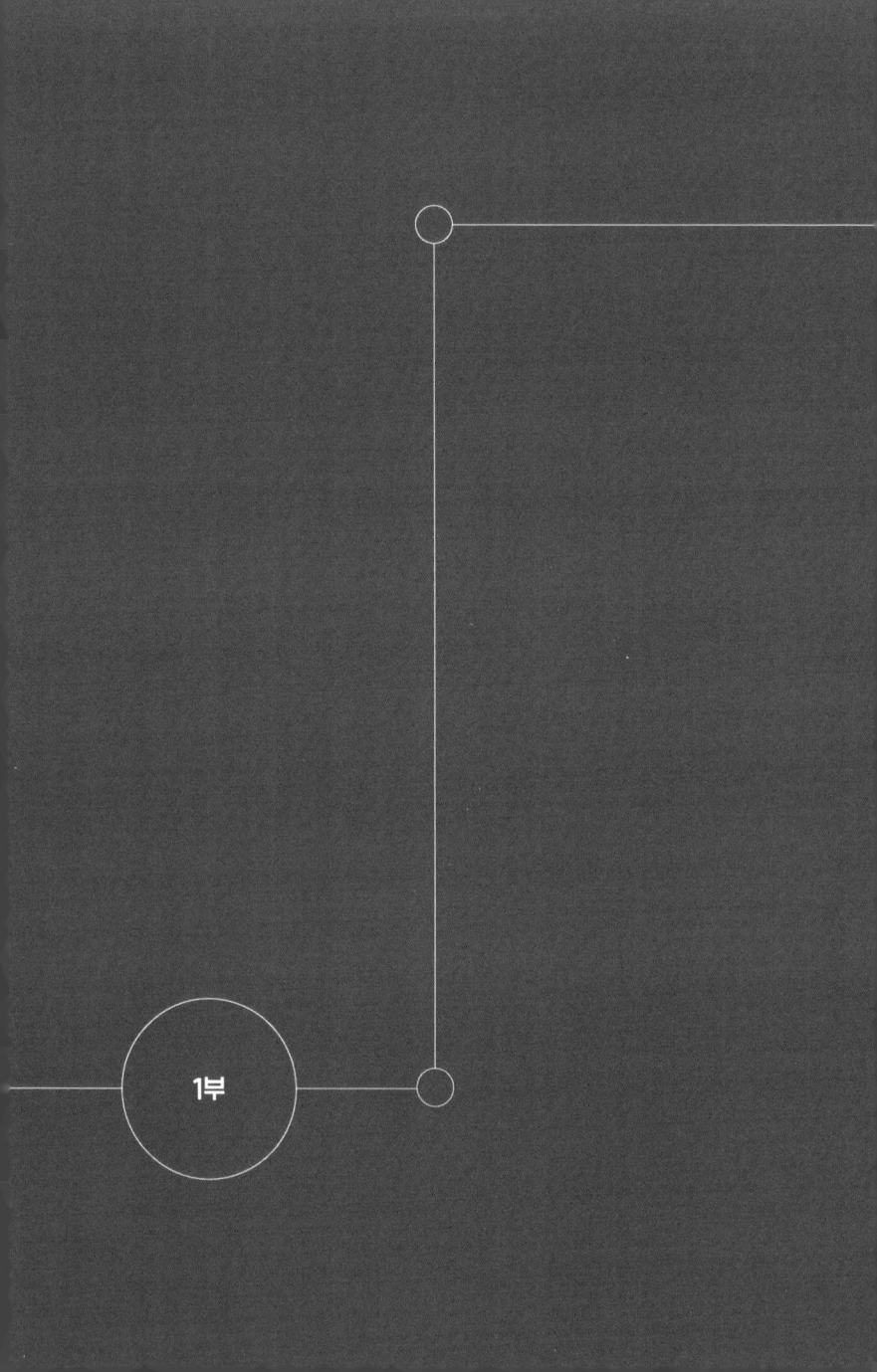

으로 전달할 수 있도록 지원해야 합니다. 동시에 출판사의 전문성을 바탕으로 건설적인 피드백을 제공하고, 저자와 출판사 간의 시너지를 극대화할 수 있는 협력 관계를 구축해야 합니다.

**[책만들기 Q&A]**

책만드는 모든 과정에 대한 문의에 답변드립니다.

네이버블로그: https://blog.naver.com/bookmaking_1

## 나 홀로 돈 되는 책 만들기
1인출판, 독립출판, 자가출판 성공 필독서

초판 인쇄 2025년 2월 24일
4쇄 발행 2025년 9월 30일

| | |
|---|---|
| 지은이 | 본조박 |
| 펴낸곳 | 읽고싶은책 (제2025-000013호) |
| 펴낸이 | 오세웅 |
| 편집 | 권윤주 |
| 디자인 | 문유민 |
| | |
| 주소 | 서울 성동구 왕십리로24나길 20 |
| 이메일 | modubig@naver.com |
| 홈페이지 | https://modubig.modoo.at/ |

※ 누구나 읽고 싶어하는 책을 만드는 도서출판 읽고싶은책
※ 도서출판 읽고싶은책과 함께 할 작가님을 모십니다.
  이메일로 원고 접수받아 검토 후 연락드립니다.
※ 파본은 구입하신 서점에서 교환해 드립니다.
※ 이 책의 저작권은 지은이와 도서출판 읽고싶은책에 있습니다.
  내용의 일부 또는 전부를 무단으로 사용을 금합니다.

책값은 뒤표지에 표기되어 있습니다.
ISBN  979-11-991559-0-9  13810